História da província Santa Cruz

Gandavo

copyright Hedra
edição brasileira© Hedra 2020
organização© Ricardo M. Valle
coordenação da coleção Ieda Lebensztayn

edição Jorge Sallum
coedição Suzana Salama
assistência editorial Paulo Henrique Pompermaier
capa e projeto gráfico Lucas Kröeff
ISBN 978-85-7715-639-9
corpo editorial Adriano Scatolin,
Antonio Valverde,
Caio Gagliardi,
Jorge Sallum,
Oliver Tolle,
Renato Ambrosio,
Ricardo Musse,
Ricardo Valle,
Silvio Rosa Filho,
Tales Ab'Saber,
Tâmis Parron

Grafia atualizada segundo o Acordo Ortográfico da Língua Portuguesa de 1990, em vigor no Brasil desde 2009.

Direitos reservados em língua portuguesa somente para o Brasil

EDITORA HEDRA LTDA.
R. Fradique Coutinho, 1139 (subsolo)
05416–011 São Paulo SP Brasil
Telefone/Fax +55 11 3097 8304

editora@hedra.com.br
www.hedra.com.br

Foi feito o depósito legal.

História da província Santa Cruz

Gandavo

Ricardo M. Valle (*organização*)
Clara C. Souza Santos e Ricardo M. Valle (*prefácio*)

2ª edição

hedra

São Paulo   2020

Pero Magalhães de Gandavo tornou-se um nome tão obscuro quanto o seu livro. Nem sempre utilizou o último nome, e sabemos que "gandavo" é a designação dada a quem nasce em Guantes, Flandres. Desde a Biblioteca Lusitana, de Diogo Barbosa Machado, de meados do século XVIII, algumas informações somaram-se para a invenção histórica da vida desse nome que teve a posteridade truncada. Diz-se que fora natural de Braga, que o pai era flamengo, que foi moço-de-câmara de Dom Sebastião, que trabalhou na Torre do Tombo como copista, que permaneceu alguns anos no Brasil cuja história escreveu, e que, após a publicação do livro, foi nomeado provedor da fazenda da cidade da Bahia, cargo que, diz-se, não exerceu. Teria aberto uma escola na região entre o Douro e o Minho, onde também casara. A maior parte das ações e funções institucionais que se lhe atribuem constituía muito do que a um homem de letras era digno exercer; são provavelmente verossímeis narrativos do gênero histórico, inventados por tradições biblio-historiográficas de escrita de *vidas* de poetas; ou são notícias derivadas desses verossímeis em vertentes historiográficas do século XIX. O mistério que ronda o desaparecimento de seu livro, aplica-se a seu estranho sobrenome, que, sem ascendência nem descendência certas, não se sabe hoje sequer a pronúncia.

História da província Santa Cruz (1576) foi lido como "relato de viajante" ou como "nossa primeira história", entendido como testemunho de impressões antigas dos portugueses nas terras d'além-mar. Contudo, esta simples história, ou tratado descritivo, da "costa do Brasil" teve circulação muito restrita à época, o que leva a crer que foi recolhida e destruída após sua impressão, não se sabe bem por quê. Permaneceu praticamente ignorada até 1837, quando foi reconsiderada na edição e tradução de M. Henri Ternaux, em Paris; no século seguinte, foi ainda vertida para o inglês por John B. Stetson Jr. A obscuridade do livro nos séculos seguintes à sua publicação é tanto mais estranha se se tem em vista que, por intermédio de uma elegia e um soneto de Camões, o livro é dedicado a um varão de armas em carreira promissora nas Índias portuguesas, tendo sido impresso pela mesma oficina tipográfica que compôs *Os Lusíadas* (1572), apenas quatro anos mais tarde. Diferente de um testemunho empírico, o livro é composto conforme a ideia de gênero histórico, retoricamente regrado, em que o historiador, apoiado pelo aconselhamento ético da Igreja Católica, tem por fim exaltar, pelo discurso, ações virtuosas de pessoas de caráter elevado e eventos providenciais.

Ricardo Martins Valle é doutor em Literatura Brasileira pela USP, e professor de História Literária na Universidade Estadual do Sudoeste da Bahia, UESB.

Clara Carolina S. Santos é professora, mestre em Memória e em Linguística pela Universidade Estadual do Sudoeste da Bahia, UESB.

História da província Santa Cruz

Gandavo

Sumário

Introdução, *por Clara C. Santos e Ricardo M. Valle*...... 9

HISTÓRIA DA PROVÍNCIA SANTA CRUZ 47
Dedicatória 51
Prólogo ao leitor............................. 65
De como se descobriu esta província 69
Em que se descreve o sítio..................... 75
Das capitanias e povoações..................... 81

Da governança 91
Das plantas, mantimentos e frutas 95
Dos animais e bichos venenosos 105
Das aves que há nesta província 115
De alguns peixes notáveis 121
Do monstro marinho 127
Do gentio 133
Das guerras 143
Da morte que dão aos cativos 151
Do fruto que fazem nestas partes os padres 161
Das grandes riquezas 165

Índice geral 169

Introdução

CLARA C. SANTOS
RICARDO M. VALLE

UM LIVRO E UM NOME

Impressa em Lisboa, em 1576, na oficina de Antonio Gonçalves, a edição da *História da província Santa Cruz a que vulgarmente chamamos Brasil feita por Pero de Magalhães de Gandavo*[1] é um tratado da terra, isto é, um laudo documental dos domínios do soberano, com tudo o que neles houvesse, oferecido neste caso a um vassalo do Rei de Portugal como louvor dos domínios do mesmo Rei. Pensado até aí, o documento parece perfeitamente conformado no interior das instituições e regulamentos institucionais a que então um impresso tinha de submeter-se. Contudo, o livro parece ter saído de circulação e o nome do autor

---

1. Nesta edição seguimos o exemplar pertencente à Biblioteca Nacional de Lisboa da *História da província Santa Cruz a que vulgarmente chamamos Brasil feita por Pero de Magalhães de Gandavo*. Lisboa: Officina de Antonio Gouvea, 1576. Infelizmente a Biblioteca Nacional brasileira não tem programa de digitalização fotográfica do acervo de obras raras, dificultando as possibilidades de cotejo, para resolver problemas como as aparentes irregularidades na página de Aprovação.

praticamente desaparece por quase dois séculos, principalmente em âmbito português. A obscuridade do livro nos séculos seguintes à sua publicação é tanto mais estranha se se tem em vista que, por intermédio de uma elegia e um soneto de Camões, o livro é dedicado a um varão de armas em carreira promissora nas Índias portuguesas, tendo sido impresso pela mesma oficina impressora d'*Os Lusíadas* (1572), que obtivera alvará de Privilégio real para sair, apenas quatro anos antes.

Falando com rigor, nada efetivamente se sabe a respeito de seu autor, além de que possivelmente tenha escrito o livro (mais uma ortografia e alguns outros manuscritos), e de que o tenha feito assinando com este nome, Pero de Magalhães de Gandavo. Estamos certos, aliás, de que sabemos até menos do que isso. A designação "de Gandavo" aparentemente não foi herdada como sobrenome, mas incluído pela pessoa do autor e pode ser que para constituir tradição familiar, com vistas a alguma fidalguia. Daí se poderia supor também que fosse um imigrado em Portugal e que a si passasse a designar pelo patronímico, em verdade ilustríssimo naquele tempo, porque sabemos que Gandavo também era Carlos v, nascido em Guantes, Flandres, cidade distinguida justamente por esse evento de enorme significação para o catolicismo europeu.

Conhecendo os trâmites político-institucionais a que estava submetido na hierarquia e valendo-se dos verossímeis da invenção no gênero histórico, Barbosa Machado inventou em meados do século XVIII elementos da vida do autor. E a recepção moderna tantas vezes apenas acreditou como efetividade, deixando de lado as possibilidades de pensar, não o fato particular, que pouco importa, mas as implicações institucionais supostas a esse quase nada de que se tem notícia, um nome e um livro.[2] Contudo, desde a publicação francesa, que é do início do século XIX, tem-se reiterado a mesma informação biográfica, posteriormente acrescentada, ainda que sempre de poucas notícias.

É verdade que se poderia inventar o verossímil mentiroso de um Gandavo anônimo, de família portuguesa com ascendência marrana, cristãos-novos fugidos da Península Ibérica no tempo de Dona Isabel e Dom Fernando, e das consequências inclusive jurídicas da ação política dos piedosos e violentos *reyes católicos de España*, pais de Carlos V. A família marrana, em processo de limpeza de sangue, serve o Império Católico em Flandres no tempo do imperador, numa sabidamente lenta ascensão estamental, por acumulação de dignidades em ofícios letrados. Em 1568, com a revolução de Orange nos Países Baixos — com a revisão dos pactos, as reformas institucionais e as alterações no direito e costume —, a família portuguesa de origem judaica, e letrada em âmbito católico, sai dali para o Brasil, procurando postos subalternos para homens

---

2. Ver as questões e categorias discutidas por João Adolfo Hansen em "Um nome por fazer", acerca de Gregório de Matos. In: *A sátira e o Engenho*. São Paulo/Campinas: Ateliê/Unicamp, 2004, e em "Autor". In: *José Luís Jobim*. Palavras da crítica. Rio de Janeiro: Imago, 1992.

com algumas letras. Na província portuguesa, Pero de Magalhães (ou como quer que se tenha chamado) ocupa alguma função anônima na província portuguesa desta costa do Brasil, onde enriquece e forja documentos para abreviar a carreira na volta à Europa. Em Lisboa, muito rico e provavelmente ignorante, ou ao menos cheio de maus acentos no uso da língua, torna-se um adulador para conseguir nomeação de escrivão, ou cronista na Torre do Tombo, seguindo talvez tradição paterna. Paga um poeta ilustre, um varão de armas sem dinheiro, um impressor e um historiador para forjar uma obra que lhe conferisse a autoridade de historiador que lhe ajudaria a receber o cargo tornando-se mais próximo de um título de fidalguia. Descoberta a fraude, por irregularidades com a licença do Paço, desenrola-se o que é presumível. E com isso, a memória de seu nome e de seu livro praticamente desaparecem, até que no tempo da Academia Real de História o livro não fosse reconhecido como irregular pelas instâncias de chancelaria, passando a ser mencionado, mas pouco; até que, na Biblioteca Lusitana, Diogo Barbosa Machado cumprisse o lugar de bibliógrafo redigindo uma linha de sua vida, aqui entendida como a espécie do gênero histórico cuja *auctoritas* é principalmente Plutarco. Com melhor engenho, seria possível inventar outros particulares verossímeis para a vida de Gandavo, não sendo outra coisa porém do que a aplicação dos procedimentos da arte de Diogo Barbosa Machado, cuja notícia a crítica histórica raras vezes deixou de considerar como o "pouco que se sabe".

Pero de Magalhães de Gandavo tornou-se um nome tão obscuro quanto o seu livro. Desde a *Bibliotheca portuguesa* de Barbosa Machado, que é de meados do século XVIII, diz-se que fora natural de Braga, que o pai era flamengo, que foi moço-de-câmara de Dom Sebastião, que trabalhou na Torre do Tombo como copista, que permaneceu alguns anos no Brasil cuja história escreveu, e que, após a publicação do livro, é nomeado provedor da fazenda da cidade de Salvador, na Bahia, cargo que, diz-se, não exerceu. Versado pelo menos nas artes do *trivium* e autor de uma ortografia portuguesa, teria aberto uma escola na província, na região entre o Douro e o Minho, onde também casara. A maior parte das ações e funções institucionais que se lhe atribuíram, contudo, foram atos ou ofícios que presumivelmente um homem de letras tinha dignidade para exercer. São provavelmente verossímeis narrativos do gênero histórico, inventados por tradições biblio e historiográficas de escrita de *vitæ* de poetas; ou são notícias derivadas desses verossímeis em vertentes historiográficas do século XIX. O mistério que ronda o desaparecimento de seu livro, aplica-se a seu estranho sobrenome, que, sem ascendência nem descendência certas, não se sabe hoje sequer a sílaba sobre a qual recai o acento.

Desde o século XIX, a *História da província Santa Cruz* foi lido como "relato de viajantes", "literatura de informação" ou como *Nossa primeira história*, título que recebeu na edição de 1921-1922, entendido como testemunho de impressões antigas dos portugueses nas terras d'além-mar. Contudo, esta simples história, ou tratado descritivo, da costa do Brasil teve uma circulação muito restrita no seu século, fazendo parecer que o livro foi recolhido após sua impressão, não se sabe precisamente por quê. Segundo uma linha de interpretação da recepção da *História da província Santa Cruz*, sustenta-se que o livro teria sido recolhido por revelar segredos de Estado sobre a província portuguesa, como a posição de rios e cidades da costa do Brasil, segundo o que os historiadores chamaram de "política do segredo" de Dom Manuel I.[3] O certo é que permaneceu praticamente ignorado até a primeira metade do século XIX, quando foi reconsiderado na edição e tradução de M. Henri Ternaux, em Paris, em 1837; e no século seguinte foi ainda vertido para o inglês por John B. Stetson Jr., em 1969. No início do século XVIII, com o fomento à divulgação das navegações e feitos portugueses pelas Academias de História no reinado de Dom João V, o opúsculo de Gandavo consta dos documentos então exumados pela Real Academia, o que se prova com a ocorrência secundária no Bluteau e logo na Biblioteca de Diogo Barbosa Machado, em meados do século XVIII,

---

3. Cf. Sheila Moura Hue e Ronaldo Menegaz. "Introdução". In: *Primeira História do Brasil. História da província Santa Cruz a que vulgarmente chamamos Brasil*. Rio de Janeiro: Jorge Zahar, 2004, p. 14.

fazendo a essa regra raras exceções, sendo mantido ainda em ampla obscuridade até a edição francesa na primeira metade do século XIX.

Diferente de um testemunho empírico, o livro é composto como gênero histórico, retoricamente regrado, em que o historiador, apoiado pelo aconselhamento ético da Igreja Católica, tem por últimos fins exaltar, pelo discurso, ações virtuosas de pessoas de caráter elevado e eventos providenciais; levar adiante a fama do monarca e dos homens de armas a quem é dedicado; e legitimar sua autoridade e senhorio, com direito de propriedade, sobre terras, rios, espécies animais e vegetais, pedras, metais etc., que se podem usar e dispor como próprios, conforme aos grandes axiomas e aos anátemas que regulavam estas disposições na forma das leis civis e eclesiásticas. Estes fins deveriam atingir-se pela aplicação de procedimentos e lugares retóricos, entre os quais a amplificação da beleza, utilidade, fertilidade, abundância etc., como louvor dos novos domínios da Cristandade portuguesa. Neste sentido, relata, ou historia, as particularidades da terra e de sua conquista como louvor do feito português, visando à perpetuação da empresa marítima lusitana a partir de uma narrativa que segue principalmente os modelos preceptivos de Menandro, retor, e Plínio, o Velho, entre outras autoridades de escrita histórica.

A HISTÓRIA COMO DEMONSTRAÇÃO DA SUJEIÇÃO

Seja como for, num tempo em que a conservação da fama do nome, transmitido pela família, é fundamental para a aquisição de favores, dignidades, benefícios de estado, e sabendo ainda que o livro impresso era instrumento de perpetuação de nomes e dignidades institucionais, é sem dúvida extraordinário um tal desaparecimento. Conforme à aplicação da tópica da perenidade das letras, o "Prólogo ao Leitor" (parte do exórdio que se dirige ao auditório retoricamente constituído como um gênero de homens ao menos letrados em boas letras), o autor da *História da província* repõe que "a escritura seja vida da memória, e a memória uma semelhança da imortalidade a que todos devemos aspirar".

Como não interessa aqui encontrar a afirmação da verdade particular da História, o provável, ou verossímil, infortúnio de Gandavo permite-nos pensar procedimentos de representação institucional que, como demonstra João Adolfo Hansen, estão muito diretamente ligados às práticas letradas, entre as quais a história e a poesia, como a teologia moral e a jurisprudência etc. conforme os ofícios em questão:

Na fronteira das categorias do imaginário social mais amplo e das categorias dos grupos cultivados, situava-se então a imagem do sábio-letrado, padre ou funcionário, muitas vezes poeta. A imagem era equívoca, pois nela convergiam as representações do letrado-artesão, escrevente que simplesmente repetia a tradição, fazendo cópias manuscritas de textos, e do letrado sábio, que reinventava em novas ocasiões. [...] As práticas dos letrados portugueses não se autonomizavam da hierarquia, e, não sendo mais escrivães medievais, mas também não sendo escritores, no sentido iluminista dado ao termo a partir da segunda metade do século XVIII, eles se identificavam com a imagem social da profissão que exerciam e essa era, obviamente, profissão subordinada ao poder real.[4]

Com efeito, antes de imprimir sua *História da província Santa Cruz*, Gandavo dedicou mais de um tratado da terra aos principais do reino, declarando fidelidade no uso que faz das letras. Trata-se do manuscrito intitulado *Tratado da terra do Brasil no qual se contem a informação das cousas que há nestas partes feito por Pº de magalhães*,[5] também pertencente à Biblioteca Nacional de Lisboa, que os disponibiliza no Acervo Digital. A versão impressa é dedicada a dom Lionis Pereira, varão de armas de altura ainda mediana na vassalagem portuguesa, e de quem sabemos que foi capitão em Malaca, em 1564, e em Ceuta, em 1580, tendo passado certamente por outros postos que acumularam mérito oficial para que de tão longe passasse a tão perto, o que era evidentemente uma melhora no

---

4. João Adolfo Hansen, "Fênix renascida & Postilhão de Apolo". In: *Poesia seiscentista*. São Paulo: Hedra, 2002.
5. Para um cotejo que explicita as diferenças do texto do *Tratado da terra do Brasil* e da *História da província Santa Cruz*, ver notas à edição de Sheila Moura Hue e Ronaldo Menegaz, op. cit. Vale lembrar, porém, que o *Tratado* manuscrito e a *História* impressa são dois textos, no todo, diversos.

interior do estamento de que participava. O manuscrito, por sua vez, é dedicado ao Príncipe Cardeal-Infante dom Henriques, o futuro regente interino do reino e províncias portugueses, entre o desaparecimento de Dom Sebastião, em 1578, e a ascensão de Filipe II de Espanha, em 1580. Na posição de um homem de letras, que demonstra sua fidelidade e aptidão, o manuscrito assinado por Pero de magalhães (com minúscula, como quase sempre assinava a gente sem fidalguia ou alguma distinção no século XVI em Portugal) dirige-se a um dos dois maiores postos do reino num documento sem data. Esse manuscrito também não leva o obscuro sobrenome supostamente paterno, Gandavo, e que só mesmo o século XIX francês elevou a alguma fama.

Neste "sumário da terra do Brasil" — como é designado pelo autor —, o vassalo alega já ter feito e dedicado uma cópia do seu tratado a Dom Sebastião, passando agora a fazê-lo ao seu tio, sucessor imediato, numa carta dedicatória "Ao mui alto e sereníssimo Príncipe dom Henrique Cardeal Infante de Portugal":

Posto que os dias passados apresentei outro sumário da terra do Brasil a el-Rei nosso senhor, foi por cumprir primeiro com esta obrigação de vassalo que todos devemos a nosso Rei: e por esta razão me pareceu cousa mui necessária (muito Alto e Sereníssimo señor) oferecer também este a v.a. a quem se devem referir os louvores e acrescentamento das terras que nestes Reinos florecem: pois sempre desejou tanto aumentá-las e conservar seus súditos e vassalos em paz.

INTRODUÇÃO

Dada a altura elevadíssima das pessoas a quem o pequeno vassalo se dirigia, é muito provável que seja verdadeira a informação acerca da existência de outra versão manuscrita anterior à que conhecemos. A informação, porém, aqui interessa para lembrar que a cópia conhecida, tendo sido dedicada ao Cardeal-Infante Dom Henriques, não poderia ser considerada uma primeira redação ou esboço, como se o manuscrito necessariamente estivesse destinado a receber letra de forma. Talvez seja apenas uma outra espécie de documento. De qualquer modo, bastante diferente de um rascunho, as cópias do *Tratado da terra do Brasil* cumprem certamente um papel institucional, por meio de uma representação, ou ostentação, de fidelidade à soberania das ordens superiores que governam o Estado; trata-se de uma declaração de reconhecimento, por parte do súdito, da necessidade sagrada da hierarquia dos homens. Uma vez então que seja mais seguramente o cumprimento de um dever de "subdito e vassallo" e ainda a demonstração de sua (humilde) utilidade em ofícios que requeiram boas letras, o manuscrito não tem uma natureza mais verídica no relato, ou história, da terra, nem significa uma observação empírica mais autêntica, como foi interpretado pela crítica historiográfica no século XX que procurou ler esses documentos como "História do Brasil", "literatura de informação" ou "de viajantes", sem considerar muitas vezes os âmbitos institucionais, as disposições jurídicas e os procedimentos discursivos que estavam supostos.

O PODER CONSTITUÍDO DAS MESAS CENSÓRIAS

Na segunda metade do século XVI, as aprovações do Ordinário, da Inquisição e do Paço atestavam a verdade da instrução que o livro continha, segundo as Leis católicas e do Império português, que em grande medida são extensão umas das outras. Sejam livros úteis, como os de Lei e os Sagrados, sejam os de recreação, como os de história ou poesia,[6] somente a concórdia entre as mesas conferia a completa autorização para a impressão e circulação do livro, cruzando-o com a tradição das autoridades e axiomas de doutrina ou instrução verdadeira; entendendo por tradição aqui o sentido com que o Concílio de Trento distiguia boas e más tradições discursivas, tendo em vista que

esta verdade, e disciplina se contém em livros escritos, e sem escritos, nas Tradições, que recebidas pelos Apóstolos da boca de Cristo, ou ditadas pelo Espírito Santo, dos mesmos Apóstolos como de mão em mão chegaram até nós; seguindo o exemplo

---

6. Empregamos aqui a classificação que se lê nas páginas iniciais do *Corte na aldeia* (1619), de Rodrigues Lobo, que inclui como livros de recreação, de um lado, os de histórias fingidas, compreendendo as cavalarias de *res ficta*, isto é, de matérias fingidas, análogos neste sentido de muitos gêneros da poesia, e de outro lado os de história verdadeira, como podem ser pensadas as crônicas, décadas, tratados da terra, etc. (Cf. *Obras políticas morais e métricas do insigne Portugues Francisco Rodrigues Lobo. Natural da Cidade de Leyria. Nesta última impressão novamente correcta, e postas por ordem. Offerecidas à Magestade sempre augusta do Sereníssimo Rey de Portugal. D. João V, nosso senhor*. Lisboa Oriental: Na Officina Ferreyriana. 1723; pp. 3-4.)

dos Padres Ortodoxos [...]; como ditadas pela boca de Cristo, ou pelo Espírito Santo, e por uma contínua sucessão, conservadas na Igreja Católica [...].[7]

Como ficou dito, os destinatários das duas versões manuscritas (a primeira delas apenas hipotética) são as duas mais poderosas representações políticas daquelas décadas. Um é o jovem rei, que tem representação primordialmente jurídico-militar — e, no caso particular de Dom Sebastião, sobretudo militar e piedosa, segundo a invenção da fama do nome na instituição histórica, cujo fim, entre as funções bibliotecárias do reino desde antes de Fernão Lopes, era conferir legitimidade à autoridade das potestades instituídas no presente. Independentemente da feição particular da representação tipológica que assume, o rei devia ser reconhecido como autoridade que reúne a soberania sobre a totalidade das potestades, ofícios, artes e demais serviços do reino, uma vez que seja monarca. Já o destinatário do *Tratado da terra do Brasil* que efetivamente nós podemos ler é o tio do mesmo monarca, o velho Inquisidor-mor, Cardeal dominicano, Dom Henriques, que tinha autoridade direta sobre as três instâncias de censura: do Ordinário, da Inquisição e do Paço. A mesa do Ordinário dá vista e aprovação, ou a nega, normalmente pela autoridade de um doutor em leis ou teo-

---

[7]. Sessão IV, do Concílio de Trento. Citamos pela edição bilíngue do século XVIII: *O sacrosanto, e ecumenico Concilio de Trento Em Latim, e Portuguez*. Trad. João Baptista Reycend. Lisboa: Na officina Patriarcal de Luiz Ameno, 1781, Tomo I, p. 55.

logia escolhido entre os bispos da diocese para a função *ad hoc* de vedor ou qualificador. Como junta ou conselho episcopal do reino, os membros do Ordinário estão necessariamente sob a autoridade do Cardeal-Infante, ainda mais quando o príncipe-sacerdote é o próprio Inquisidor do Paço. Além disso, sabemos que mesmo o Conselho Geral da Inquisição havia sido instalado em Portugal sob a ação do mesmo Cardeal-Infante, feito Inquisidor-mor por seu irmão, Dom João III, décadas antes.

Segundo o Concílio de Trento, os livros de matérias sagradas e, por necessidade, toda matéria sagrada contida em livros de qualquer espécie, deveriam ser conferidos, sob pena, com o "verdadeiro sentido, e interpretação das Escrituras", isto é, "o unânime consenso dos padres". Assim, decreta que

a ninguém é lícito imprimir, nem mandar imprimir Livros alguns de matérias sagradas sem nome do Autor, nem vendê-los daqui em diante; nem também tê-los em seu poder, sem serem primeiro examinados, e aprovados pelo Ordinário, sob pena de excomunhão [...]. E se forem Regulares (os Autores) além deste exame, e aprovação, estarão obrigados a impetrar também Licença dos seus Superiores, sendo por eles examinados os livros, na forma das suas Constituições.[8]

Além de valer para qualquer documento manuscrito, as penas se estendiam aos impressores, vendedores, possuidores e leitores da obra que ilegalmente fosse posta em

---

8. Idem, ibidem. pp. 61–63.

circulação. A censura do Ordinário em Portugal, como na Espanha, era já exercida antes do Concílio — e como mostra a própria folha de "Aprovação" desta *História da província Santa Cruz* —, a licença do Ordinário subordinava-se à petição do Conselho Geral da Inquisição. E assim como os clérigos regulares deveriam ter ainda a permissão dos superiores da Ordem a que pertencessem, os súditos deveriam ter a aprovação de seu rei, o que em Portugal se fazia pela censura do Paço.

No livro de Gandavo em particular, a Licença do Conselho Geral do Santo Ofício da Inquisição acredita o testemunho do vedor de livros do Ordinário; tudo feito no interior de rígidas praxes, instituídas e acostumadas por décadas. A aprovação do Santo Ofício apenas ratifica, aparentemente sem exame, a informação de que o livro não continha coisa que se pudesse considerar inimiga da santa fé e do bom costume cristãos, não colocando em suspeição nem os mistérios nem os usos da fé, sempre segundo o costume apostólico romano e terminantemente revogadas pelo Concílio quaisquer tradições de opinião contrária ou fundadas na própria prudência e livre inteligência das coisas sagradas. Segundo o Decreto aposto à mesma Sessão do Concílio:

para refrear engenhos petulantes, determina: que ninguém confiado na sua prudência, em matérias de Fé, e costumes, e edificação da Doutrina Cristã, torça a sagrada Escritura para os seus conceitos particulares, contra aquele sentido que abraçou, e abraça a Santa Madre Igreja, a quem pertence julgar o verdadeiro sentido e interpretação das Escrituras; nem se atreva a interpretar a mesma Escritura contra o unânime consenso dos Padres; ainda que estas interpretações nunca hajam de se dar a luz. Os que a isto contravierem, sejam pelos Ordinários declarados, e castigados com as penas estabelecidas em direito.[9]

O livro de Gandavo aparentemente não se choca com o Decreto, mas não deixa de ser notável que, no exemplar que transcrevemos, pertencente à Biblioteca Nacional de Lisboa, que o publica digitalmente, a caixa de texto da licença do Paço apresenta recuo maior de ambos os lados e o alinhamento horizontal é ligeiramente pendente à esquerda, o que pode indicar que a inserção foi feita posteriormente. A hipótese talvez fosse excessiva, não houvesse notícia pela Biblioteca John Carter Brown de que há exemplares com e sem a terceira caixa de texto.[10] Tudo isso, que é nada, na mera hipótese sobre o particular, apenas permite insinuar problemas na tese que explica diretamente o desaparecimento do livro por violação de segredo de Estado, ainda que a hipótese continue válida. É mesmo muito plausível que o desaparecimento do livro

---

9. Idem, ibidem. pp. 59–61.
10. A informação é de Rubens Borba de Moraes, que compara os exemplares da Biblioteca JCB com o exemplar da Biblioteca Nacional do Rio de Janeiro. Não pudemos, contudo, auferir a autenticidade da informação (Cf. *Bibliografia brasileira do período colonial*. São Paulo: Instituto de Estudos Brasileiros, USP, 1969). A pesquisadora Valéria Gauz, que trabalhou tanto na Biblioteca Nacional quanto na John Carter Brown, menciona esse dado no texto "Materialidade de livros – II", disponível no site da INFO*home*. O acervo da Biblioteca Nacional brasileira, contudo, não é disponibilizado digitalmente.

tenha sido causado por razão de Estado, mesmo porque o acaso raras vezes é tão violento quanto as instituições normativas. Esses particulares conhecíveis não teriam maior interesse, se o manuscrito conservado não fosse dedicado justamente à altíssima autoridade censória do reino, ao mesmo tempo que sua versão impressa, recomendada por Camões, parece ter sido destruída por força estatal, do contrário não teria sido elidido na quase totalidade de seus exemplares. À aparente irregularidade da página de "Aprovação", se se confirmar que há volumes sem a terceira licença, que é a do Paço, podem-se fazer suposições inúmeras que talvez tenham interesse se forem pensadas a partir dos mecanismos institucionais e discursivos que constituem historicamente essas relações de poder.

AOS EMPOBRECIDOS DO REINO

Ainda na Dedicatória do *Tratado da terra*, Pero de Magalhães, de Gandavo, afeta modéstia, como tem de ser, para produzir retoricamente benevolência no destinatário; para isso, elogia a utilidade da matéria do seu tratado, com o que se quer demonstrar também a utilidade do serviço do vassalo fiel em ofícios de letras:

achei que não se podia dum fraco homem esperar maior serviço (ainda que tal não pareça) que lançar mão desta informação da terra do Brasil (cousa que até agora não empreendeu pessoa alguma) para que nestes Reinos se divulgue sua fertilidade e provoque a muitas pessoas pobres que se vão viver a esta província, que nisso consiste a felicidade e aumento dela.

Duas vezes repetida nesta carta dedicatória ao Cardeal-Infante, bem como no "Prólogo ao Leitor" da *História da província Santa Cruz*, a recomendação da costa do Brasil para os portugueses que estejam em pobreza na pátria é também empregada no exórdio do livro impresso, sempre como argumento da utilidade do sumário da terra, bem como dos serviços de quem o escreve, exercendo, pois, dupla função, ao mesmo tempo retórica e política. Deveríamos talvez supor que, sendo no mínimo gente de letras os seus leitores, a condição de "pobres e desamparados" não designa o que as sinuosas classificações econômicas reconheceriam como C, D OU E, nos sistemas de regulação por poder aquisitivo. Num corpo político constituído por estados, ou ordens civis, os empobrecidos eram mais provavelmente gente de baixa fidalguia, militares e letrados em geral, cristãos-velhos de ofício livre, possivelmente até cristãos-novos em processo de limpeza de sangue e lenta ascensão na fidelidade institucional. A plebe mais baixa até estava implicada nesta solução que o encarecimento da matéria do livro oferecia para a pobreza dos pobres, mas estava suposta apenas como criadagem e companhia de gente mediana, ou clientela de gente semiarruinada, ou ainda oficiais mecânicos, mercenários, negociantes, exilados ou bandidos fugidos, todos os pobres que por suposto também viriam, mas aos quais o livro de Gandavo dificilmente se destinava, a não ser por exceção.

Tendo em vista os mecanismos da imensa hierarquia do império português, o autor supõe demonstrar a utilidade de seu discurso colocando-o a serviço do necessário encorajamento às carreiras militares, jurídicas, fiscais etc., na costa do Brasil, ainda designada província Santa Cruz. Dirige-se, portanto, à gente de carreira, isto é, gente minimamente remediada para as instituições civis, educadas para o preenchimento de funções direta ou indiretamente administrativas na povoação e defesa dos novos domínios do reino, conforme o caso, mas acometida por toda sorte de infortúnio que não fosse causado por crime. Em outro uso, Antonio de Guevara, grande autoridade letrada do Império Habsburgo no século XVI, avisava dos perigos da corte se dirigindo a homens dignos de alguma distinção mas também empobrecidos por má fortuna, recomendando os benefícios da recolha à província.[11] As diferenças entre os argumentos do elogio da aldeia, de Guevara, e da recomendação feita nos exórdios dos breves tratados históricos da terra, de Gandavo, são proporcionais aos decoros específicos, próprios ao assunto e finalidade de cada livro. Em ambos os casos (e muitos outros poderiam ser referidos), recomenda-se o afastamento da corte como um caminho difícil mas seguro para o exercício das boas virtudes cristãs ou dos úteis serviços da fidelidade monárquica, com promessas de prêmios nesta e na outra vida. Preenchendo o lugar retórico da captação da benevolência — no caso, pela defesa e encarecimento da matéria tratada

---

11. Antonio de Guevara. *Menosprecio de corte y alabanza de aldea* (1539). Edición y notas de M. Martínez de Burgos. Madrid: Espasa-Calpe, 1942.

—, a recomendação de Gandavo, ainda que tenha significação política, não precisaria ser lida com mais graves consequências, ao menos não para que se pensem hipóteses sobre a origem da pobreza do Brasil. A constituição política que está suposta nesta exortação às carreiras do Novo Mundo "dá sentido", e talvez maior interesse, à descrição dos mantimentos da terra, bem como da barbárie dos nativos. Mas o sentido só "é dado" a nós que lemos o texto hoje, com outros hábitos de leitura. No seu tempo, o sentido já estava dado, salvo dissensos, que sempre existiram apesar dos sistemas de controle dos atos discursivos.

"Primeiramente tratarei da planta e raiz de que os moradores fazem seus mantimentos que lá comem em lugar de pão." Assim começa o passo em que tratará da mandioca, de que se extrai a farinha cuja técnica de uso Gandavo relata no "Capítulo v — Das plantas, mantimentos, e frutas que há nesta província". A mandioca é o análogo do trigo, aproximado da raiz por sua finalidade, segundo modos de classificação reconhecidos pelo português. Conforme a redação do *Tratado* manuscrito:

Nestas partes do Brasil não semeiam trigo nem se dá outro mantimento algum deste Reino; o que lá se come em lugar de pão é farinha de pão: esta se faz da raiz duma pranta que se chama mandioca, a qual é como inhame.

Como se dispõe a falar "principalmente daquelas [plantas, frutas e ervas], de cuja virtude e fruto participam os Portugueses" [Capítulo v], sempre segundo preceituam os antigos retores do gênero histórico, a esta preeminência está suposto que de trigo se faz pão, que é base da constituição alimentar do corpo físico do vassalo cristão e base material para a consagração do Corpo espiritual da comunidade de Cristo na eucaristia. Não por acaso a mandioca, seu análogo, é o primeiro mantimento referido tanto na *História da província*, quanto no manuscrito do *Tratado* da terra. Por essa razão, também nas crônicas, tratados e histórias desta mesma terra, escritos em português posteriormente, a mesma planta e seus usos terão similar descrição e preeminência, sendo muitas vezes reiterada sua analogia com o trigo, mesmo que o texto de Gandavo não tenha se tornado fonte para a maior parte delas, devido a seu desaparecimento. O caso da mandioca evidencia, portanto, que as descrições da fauna, flora, costumes etc., eram redigidas segundo procedimentos convencionais, orientados retórica, política e teologicamente.

O discurso de aconselhamento aos empobrecidos da pátria demonstra a utilidade da matéria inventada, e por isso mesmo ocupa lugar preeminente na escolha das matérias particulares de que tratará — como a abundância de mantimento, de água, de terra, de caça etc., e a promessa de muitas pedras e metais —, e que hoje se leem como elenco de curiosidades especiosas da terra, por uma espécie de contaminação turística de nossos tempos tristes, como outrora havia sido argumento de "porque me ufano" de ser brasileiro, nas leituras românticas e modernistas do texto, muitas vezes associadas institucionalmente a jubileus comemorativos, como os cem anos da Independência, e aos eventos bibliográficos, ou já editoriais, a eles ligados, direta ou indiretamente. O aconselhamento aos empobrecidos não se contradiz pela horrenda descrição dos índios e seus perigos, que se leem nas terríveis, e exemplares, cenas de antropofagia que Gandavo produz na última terça parte do livro. A exortação à carreira no ultramar não seria de modo verossímil promissora em demonstração de virtude e heroísmo, não houvesse obstáculos que a fé e a obediência do súdito deveriam vencer para efetivamente melhorar de vida, isto é, adquirir dignidade no interior da efetividade da instituição armada do Estado, e suas demandas.

GENTILIDADE E JUSTA DOMINAÇÃO

As terras que louvando se descrevem são entendidas como territórios desertos, ou seja, ainda largamente desocupados de convívio civil. Segundo o consenso dos padres e maiores potestades da Terra na hierarquia do cristianismo romano, os naturais da terra viviam pouco acima dos animais, isto entendido aristotelicamente como uso restrito, precário ou torpe das potências superiores da alma. Em alguns casos, como parece ser o de Gandavo, em geral a gentilidade da terra é representada como incivil, algumas de suas nações são descritas, por seus costumes, como bárbaras ou quase bestas, isso entendido como deformidade da alma, causada pelos maus usos por séculos acostumados, como se dizia.

INTRODUÇÃO

Já que tratamos da terra, e das coisas que nela foram criadas para o homem, razão parece que demos aqui notícia dos naturais dela; a qual posto que não seja de todos em geral, será especialmente daqueles que habitam pela costa, e em partes pelo sertão dentro muitas léguas com que temos comunicação. Os quais ainda que estejam divisos, e haja entre eles diversos nomes de nações, todavia na semelhança, condição, costumes, e ritos gentílicos todos são uns. E se em alguma maneira diferem nesta parte, é tão pouco, que se não pode fazer caso disso, nem particularizar cousas semelhantes, entre outras mais notáveis [...]. Pela maior parte são bem dispostos, rijos e de boa estatura. Gente mui esforçada e que estima pouco morrer, temerária na guerra e de muito pouca consideração. São desagradecidos em grã maneira, e mui desumanos e cruéis inclinados a pelejar e vingativos por extremo. Vivem todos mui descansados sem terem outro pensamentos, senão de comer, beber, e matar gente [...]. São mui desonestos e dados à sensualidade, e assim se entregam aos vícios como se neles não houvera razão de homens. Ainda que todavia em seu ajuntamento os machos com as fêmeas tem o devido resguardo, e nisto mostram ter alguma vergonha.

A língua de que usam, toda pela costa é uma: ainda que em certos vocábulos difere em algumas partes [...]. Alguns vocábulos há nela de que não usam senão as fêmeas e outros que não o servem senão pera os machos. Carece de três letras, convém a saber, não se acha nela, *f*, nem, *l*, nem, *r* cousa digna de espanto, porque assim não têm Fé, nem Lei, nem Rei: e desta maneira vivem desordenadamente sem terem além disto conta, nem peso, nem medido.[12]

De saída, logo na introdução do novo assunto — isto é, as coisas relativas às gentes, sobre as quais discorrerá entre os Capítulos X e XIII —, a descrição exemplar da barbárie supõe indicativamente o modelo teológico sobre o qual se assenta; por suposto, implica também o reconhecimento da validade da alma imortal aristotélica e, por essa razão, representa o índio como um ser humano, conforme a bula papal e o Concílio de Trento, mas conduzido à animalidade pela destituição ou descontrole das potências eternas da alma, "como se neles não houvera razão de homens", a que se faz a ressalva de que no coito seu costume demonstra pudor, vestígio de alma. Na perspectiva católica que articula a descrição histórica do natural da terra, só a louca fantasia e as voracidades do corpo poderiam, neste sentido, governar os homens que por exemplo comessem o semelhante, e mesmo o familiar, por costume e, pior, respeitante a leis. Em alguns casos como o dos Aimorés, são considerados bestas, mas contra a natureza, portanto por impiedade deliberada deles mesmos, assim tornados, em termos católicos, pelo mau uso do livre-arbítrio, que levando a más práticas depois acostumadas por más tradições, segundo uma interpretação que considere o texto de Gandavo como ortodoxo, do ponto de vista dos direitos.

---

12. Página 135.

INTRODUÇÃO

Numa interpretação diferente desta, João Adolfo Hansen entende a descrição de Gandavo como adoção da tese herética sobre o gentio, que foi opinião comum entre colonos portugueses no Brasil, partidários da escravização indígena. Em "A servidão natural do selvagem e a guerra justa contra o bárbaro", Hansen trata basicamente dos modos de legitimação da sujeição dos indígenas levada a termo por cronistas, viajantes, missionários, teólogos, juristas etc. Ao descrever a pintura do indígena, em Gandavo, como um vegetal, "uma erva má que afoga as boas ervas cristãs na passagem em que declara ser impossível numerar e compreender a multidão de bárbaro gentio que a natureza semeou pela terra do Brasil", Hansen propõe que essa interpretação, apoiada nos interesses dos colonos, é contrária à Bula papal de 1537 que decreta que os gentios e demais povos colonizados possuem alma, "ou seja, eram gente como os católicos e que era vedado escravizá-los". Hansen lembra principalmente que a tese da animalidade dos ameríndios é ainda invalidada pelo Concílio de Trento e que, em nome dela, se batia a Companhia de Jesus, nas diversas reduções que estabeleceram os jesuítas na costa do Brasil.[13]

De qualquer modo, como são quase bestas, o ato horrendo da antropofagia que praticam não se representava,

---

13. Ver João Adolfo Hansen "A servidão natural do selvagem e a guerra justa contra o bárbaro. In: Adauto Novaes (org.), *A descoberta do homem e do mundo*. São Paulo: Companhia das Letras, 1998, p. 354.

por exemplo, como a ação trágica da ceia de Tiestes,[14] também porque não se tratava de uma única atrocidade exemplar para os séculos, sendo pelo contrário prática acostumada por leis não escritas. Pela amplificação retórica do horror dos maus costumes estranhos repunha-se aí a naturalidade do costume próprio, devendo o afeto produzido conduzir os leitores à virtude nos usos e ofícios do mundo, estes sim bem acostumados às boas leis porque sujeitos às verdadeiras fé e lei, segundo a doutrina. Esta costa do Brasil é formada por terras incultas, tomadas por diversas nações que variavam entre a dócil incivilidade, semelhante por vezes à pureza original, e a horrenda barbárie, dessemelhante de toda outra conhecida dos europeus dentre os piores exemplos das guerras pérsicas às arábicas; tendo as amplificações por finalidade legitimar a conquista, ainda que violenta. Assim pensado o texto de Gandavo, talvez tivéssemos de reconhecer que sua leitura deveria ter pouquíssimo interesse antropológico ou etnográfico, e sendo assim deveria ter pouco interesse para até mesmo a História do Brasil assim entendida. A partir desses desenhos da gentilidade das novas terras da costa do Brasil o que se pode conhecer são modos de uma escrita e de legitimação dessa escrita, que legitimam, por sua vez, o domínio sobre terras, homens, e mais espécies. Como possessões recentes da República Cristã universal,

---

14. Tiestes seduz a mulher de seu irmão Atreu. Atreu mata os filhos de Tiestes e os serve num jantar. Tiestes amaldiçoa Atreu e sua descendência: Agamênon e seu sobrinho Orestes. [N. do E.]

missionária, herdeira da função evangélica da instituição apostólica, eram fundamentalmente terras em processo de redução à obediência dos monarcas cristãos, em disputa na Europa ocidental. Em outras palavras, uma empresa marítima de conquista do Novo Mundo como a monarquia portuguesa era constituída por um estado-maior em armas que entendia a si próprio como a atualização autorizada dos domínios de certa tradição de Pedro e Paulo.

Especificamente a empresa marítima lusitana pode ser entendida a partir de uma união indissolúvel da Cruz e da Coroa, amplamente definida como uma combinação de direitos, privilégios e deveres concedidos pelo papado à Coroa de Portugal como patrona das missões civis e eclesiásticas católicas em vastas regiões da África, da Ásia e Brasil. São concedidos privilégios eclesiásticos à Ordem de Cristo (1455–56) que legitimavam a obtenção da jurisdição espiritual sobre terras, ilhas, lugares há pouco conquistados ou a se conquistar. Fundada em 1319 por Dom Dinis em substituição à Ordem dos Cavaleiros Templários, possuía por chefia um membro da família real desde o tempo do Conde Dom Henriques, e estava formalmente incorporada à Coroa, com o apoio de outras duas ordens militares portuguesas, Santiago e Avis, pela bula papal *Praeclara Charissimi* (1551). Na dupla condição de reis de Portugal e de governadores perpétuos da Ordem de Cristo, Dom Manuel e seus sucessores tinham o direito do padroado sobre todos os postos, cargos, benefícios e funções eclesiásticas nos territórios ultramarinos confiados ao padroado depois que as terras não descobertas tivessem sido, de fato, divididas entre as Coroas de Portugal e de Castela pelo Tratado de Tordesilhas (1494),[15] já que "nestes Reinos de Portugal trazem a Cruz no peito por insígnia da ordem e cavalaria de Cristo", segundo a redação do Capítulo 1 desta *História da província Santa Cruz*, de Gandavo.

Assim, nos atos do descobrimento português da nova terra e sua reconquista das mãos dos gentios, dever-se-ia reconhecer que, formalmente, o governo dos novos domínios foi entregue pelo Papa a Dom Manuel 1. Sua descendência herda a mesma disposição jurídica na condição de que seus feitos fizessem jus àquele mérito herdado, isto é, desde que as novas gerações de príncipes e seus principais varões permanecessem reconhecidas na sujeição ao Papa e na soberania sobre o corpo político do Estado. Uma vez reconhecidos os sinais divinos e os pactos entre os varões da Terra, os territórios que se creem restituídos à Cristandade recebem ordens que constituem as hierarquias políticas, éticas, disciplinares, hagiológicas etc., cujo discurso é homologado entre vária espécie de formulação útil e agradável de doutrina.

O IMPÉRIO UNIVERSAL DE CRISTO

Segundo a rede de pactos vigentes ou em disputa entre as potestades cristãs, o domínio da terra em âmbito

---

15. Cf. Charles Boxer. *O império marítimo português*. São Paulo: Companhia das Letras, 2002.

português era prerrogativa do Sumo Pontífice, que, herdeiro de Pedro, era só quem tinha suficiente dignidade para distribuir o poder sobre a Terra entre "aqueles Príncipes, a quem Deus fez como árbitros de todos os negócios", como está na Bula papal de publicação do Concílio de Trento (1542).[16] Cada monarca, por sua parte, deveria atuar como ministro, ou instrumento, do vice-Cristo apostólico e, para gerir as terras e nações postas sob sua tutela, constitui corpos administrativos, militares, jurídicos, universitários etc., que, na unidade que formam como corpo do Estado, são sempre instituições mais ou menos diretamente responsáveis pela própria manutenção das ordens e ofícios que compõem a mesma Monarquia, na concórdia do bem-comum. Como sabemos, com Kantarowicz, Hansen e outros, a sustentação das ordens não é bem como a de um edifício mas a do corpo humano, que é a matriz principal da analogia; mantido em pé, ou instruído, pela alma. Todo o discurso de metafísica que existe na base das formulações jurídicas que legitimam as ordens instituintes das corporações no corpo do Estado funcionava, neste sentido, como uma máquina de fazer almas; em outros termos, um discurso que, operando categorias dadas como conhecidas a partir das autoridades filosóficas e sapientes antigas, produz controle abstrato sobre os seres particulares, por meio das disposições discursivas normativas feitas para a sustentação das instituições que as redigem.

16. Na edição citada, p. 5.

O rei católico devia gerir os estados, ou estamentos, sujeitos ao seu em dignidade, isto é, as ordens de famílias inferiores à sua, que no conjunto somam a totalidade de seus súditos leais e eventuais revoltosos de todo tipo, subordinados pela força que o Estado detém sobre todos os corpos particulares dos homens. Ao longo das sucessivas gerações de príncipes e varões ilustres, e das tradições de antigos contratos de fidelidade renovados entre os homens em meio a muita guerra, diplomacia, ordenações, direito comum, depois ainda direito natural e das gentes — e desde antes de qualquer direito internacional, princípios metafísicos de uma Lei que se nomeia Universal, Católica, constituída sobretudo no Direito Canônico, em sucessivas unificações e correspondências de códigos —, os estamentos ordenados, bem como cada cargo, função, distinção, privilégio, favor etc., eram em seu tempo atualizações particulares da potência outorgada no rei, cabeça do corpo político, pelas mãos do Papa.

A Igreja Católica faz, com isso, imitação do ato apostólico que circunscrevia os ofícios de Deus aos doze, ao mesmo tempo que instituía os sete diáconos, estado de homens destinados a funções instrumentais, ou ministeriais, como diplomacia, leis comuns, proselitismo, martírio missionário (Atos, VI, 1–7). Assumindo os encargos que os sacerdotes por costume não deveriam assumir, como a guerra e a regência dos povos, os reis instituíam-se na hierarquia católica romana como potestades armadas, assinaladas por Deus e reconhecidos por mérito, sempre segundo a doutrina e jurisprudência que homologam o exercício de ofícios letrados dignatários de alguma honra ou benefício, segundo graus, funções, distinções de várias espécies nas hierarquias administrativas, militares, acadêmicas, eclesiásticas de cada reino.

Dentre as diversas carreiras abertas para a administração dos novos impérios da Terra, esses homens de ofício livre, que, tendo adquirido bem as letras, e tendo dignidade familiar e pessoal para isto, poderiam fazer-se autores de uma história, como esta história descritiva do Brasil. Ainda dentro do mesmo gênero de homens (ou melhor, de ofícios e dignidades civis) e dentro do mesmo gênero discursivo, outros homens poderiam ser autores não de uma história descritiva, mas de uma história dos atos heroicos e feitos ilustres numa guerra e pacificação, ou a vida de reis, varões de armas, de homens santos ou de homens sábios, segundo o modelo de Plutarco principalmente. Conforme a inclinação natural, ou engenho, homens como esses poderiam, ser autores de um panegírico bucólico para núpcias reais, um auto sacramental para as exéquias da rainha, uma tragédia com tema pátrio para a recreação e aviso da corte, uma epopeia para infundir vontade heroica na mocidade sobretudo fidalga, e cristã velha; coisas assim pensadas ao menos nas formulações de princípios deste discurso. Assim, a posição do discurso histórico era neste sentido análoga à da autoria de poemas laudatórios, romances pastoris, comédias piedosas, sátiras morais, poemas heroicos etc. etc., ou ainda preceptivas e tratados também de variadíssimas formas; cada espécie discursiva obedecendo quase sempre, mesmo nos desvios, a decoros políticos, segundo a natureza de seu assunto e de sua destinação institucional.

Neste sentido, tanto a invenção d'*Os Lusíadas* (1572), de Camões, como a da *História da província Santa Cruz*, de Gandavo, escolhem seu assunto entre matérias de um mesmo gênero, a saber, o conjunto das coisas notáveis relativas ao descobrimento e conquista de novas terras para os domínios da Cristandade pelos varões de Portugal. O primeiro, contudo, é redigido em gênero de elocução elevado, próprio para a invenção heroica do poema épico, mais ornado já por ser poesia, e menos afeito ao especioso da história. A invenção histórica do segundo, por sua vez, é especiosa, porque a história, quase que por definição, perscruta sua matéria entre os particulares. No caso, uma vez que se tratasse de uma história desta terra tão "pouco sabida", que há pouco não tinha vestígio de fé, lei ou rei, e que apenas recentemente vinha sendo ocupada por ordens cristãs, era necessariamente ainda muito pouco noticiosa de feitos heroicos para encarecer a narração. Por isso, os particulares e específicos que se relatam e sobretudo se louvam no tratado demonstrativo da terra são quase sempre seres inferiores na hierarquia dos seres, segundo as apropriações católicas da física aristotélica por intermédio da história natural latina. Trata, pois, de minerais, vegetais, animais, gentios; e entre estes, nações mansas e bravas, dóceis e danosamente bárbaras. Em meio disso, alguns vassalos do rei, homens de armas, imitados como da espécie dos heróis, que é o sujeito por excelência do louvor no gênero histórico. Tal é o caso de Fernão de Sá, filho do Capitão-general da província e morto em fidelidade na mão dos índios, constituindo pelo heroísmo distinção familiar oficial, salvo desgraça ou infortúnio dos herdeiros.

Segundo os modelos do Capítulo 1 — a saber, o capitão Pedro Álvares Cabral e o historiador de seus feitos, "aquele ilustre e famoso escritor João de Barros" —, o herói bem como a autoridade letrada eram, genericamente, o tipo do vassalo fiel, zeloso de renome, numa representação política efetuada por meio dos principais lugares demonstrativos da fidelidade estamental, do reconhecimento dos pactos, da hierarquia Universal, e assim por diante. E antes de mais nada, o mais elevado herói político da história de que tratamos, que não por acaso está na primeira linha do primeiro capítulo da história da província: "Reinando aquele mui católico e sereníssimo Príncipe el-Rei Dom Manuel, fez-se uma frota para a Índia de que ia por capitão mór Pedro Álvarez Cabral; que foi a segunda navegação que fizeram os portugueses para aquelas partes do Oriente".

Já que a "escritura seja vida da memória", como já sabemos, o autor arrazoa retoricamente (e citando Cícero) os motivos que o levaram a fazer esta breve história,

para cujo ornamento não busquei epítetos esquisitos, nem outra formosura de vocábulos de que os eloquentes oradores costumam usar, para com artifício de palavras engrandecerem suas obras. Somente procurei escrever esta na verdade, por um estilo fácil e chão, como meu fraco engenho me ajudou, desejoso de agradar a todos os que dela quiserem ter notícia.

O autor aí define para a "breve história" o ornamento da sentença escrita em estilo simples, ou natural, no que está suposto que se trate provavelmente de uma opção de escola que define o decoro elocutivo da prosa histórica mantido não longe de uma dicção média, por isso clara, não muito ornada, própria à instrução, que é o fim das espécies do discurso didático, como a história descritiva da terra de que tratamos.

Camões e Gandavo, como homens de Letras, desfrutam certo grau de paridade nas posições hierárquicas que ocupam, com igualmente provável diferença de fidalguia que os distingue para as funções que cada um comprovasse ser digno por nascimento e mérito. Com efeito, o já então autor de *Os Lusíadas* recomendava um protetor para a *História da província Santa Cruz* na posição civil de um amigo. E é provável mesmo, por hipótese, que Camões exerça algum tipo de autoridade efetiva na obtenção de alguma vantagem, ainda que seja apenas, por exemplo, a da publicação impressa da dita obra. O certo é que, como temos visto, ambas as obras saem pela mesma oficina tipográfica, esta em 1576, aquela em 1572, em pleno reinado de Dom Sebastião. A primeira, contudo, é publicada com privilégio real e é dedicada à pessoa do monarca, enquanto a segunda é apenas aprovada e recomendada pela censura, sem privilégio, sendo dedicada a um ilustre. A diferença de posição entre os dois autores no interior da paridade que os aproxima provavelmente dava a cada um dignidades de acesso diferentes entre os estados, ou estamentos, da hierarquia, parecendo suposto n'*Os Lusíadas* que a persona que a si encena na autoria tem algum privilégio de privança real, o que não se vê na autoria da *História da província Santa Cruz*; autoria entendida como uma cena autoral, que é tanto retórica quanto política. A diferença de posição é proporcional à encenação de um certo caráter, ou *ēthos*, histórico, diverso de um ethos heroico, poético, que constituem justamente as máscaras das *personæ* que os autores de história e de poesia épica encenam. Seja como for, a terça-rima alegórica de Camões "Ao muito ilustre senhor Dom Lionis Pereira" (impresso como Elegia IV nas edições camonianas) encena a antiga tópica das letras e armas, louvando por Hermes aqueles homens de armas, como o capitão, governador em Malaca a quem o livro é dedicado, que cuidam da posteridade da própria fama promovendo as letras, ciências e artes livres; e com o louvor destes varões ilustres, ao menos no esquema moral da recepção coetânea da obra, pretende-se exortar os então atuais atores da potência do Império cristão a providenciar a posteridade de seus feitos com a cultura das letras que o perpetuam.

BIBLIOGRAFIA

ANÔNIMO [Cícero]. *Retórica a Herênio*. Edição bilíngue, tradução e introdução de Ana Paula Calestino Faria e Adriana Seabra. São Paulo: Hedra, 2005.

ARENDT, Hannah. *O conceito de história: antigo e moderno*. In: Entre o passado e o futuro. São Paulo: Perspectiva, 1988. p. 43-68.

ARROYO, Leonardo. *A carta de Pero Vaz de Caminha: ensaio de informação à procura de constantes válidas de método*. 2ªedição. São Paulo: Melhoramentos; Brasília: INL, 1976.

BARROS, João de & COUTO, Diogo. *Da Asia de João de Barros e de Diogo de Couto Nova Edição offerecida D. Maria I rainha fidelíssima &c. &c. &c.* Lisboa: Regia Officina Typographica, 1778.

BOXER, Charles. *O império marítimo português, 1415-1825*. São Paulo: Companhia das Letras, 2002.

CAMÕES, Luiz de. *Obras de Luiz de Camões precedidas de um ensaio biographico no qual se relatam alguns factos não conhecidos da sua vida pelo visconde de Juromenha*, volume I. Lisboa: Imprensa Nacional, 1860.

CORREA, Gaspar. *Lendas da India*. Tomo III, parte II. Lisboa: Typographia da Academia Real das Sciencias, 1863.

COUTO, Diogo do. *Decada setima da Asia dos feitos que os portugueses fizerão no descobrimento dos mares*. Lisboa: Pedro Craesbeeck, 1616.

CURTIUS, Ernst. *Literatura Europeia e Idade Média Latina*. São Paulo: Hucitec/EdUSP, 1996.

ELIAS, Norbert. *A sociedade de Corte: investigação sobre a sociologia da realeza e da aristocracia de corte*. Tradução de Pedro Sussekind; pref. Roger Chartier. Rio de Janeiro: Jorge Zahar Editor, 2001.

GUEVARA, Antonio de. *Menosprecio de corte y alabanza de aldea*. Edición y notas de M. Martínez de Burgos. Madri: Espasa Calpe, 1942.

HANSEN, J.A. *A sátira e o engenho: Gregório de Matos e a Bahia do século XVII*. 2ªedição. São Paulo: Ateliê Editorial/Unicamp, 2004.

_____. "Agudezas seiscentistas". In: *Floema Especial*, ano II 2A, Vitória da Conquista: Edições Uesb, 2006.

_____. *Autor, obra e público nas letras luso-brasileiras dos séculos XVI, XVII e XVIII*. (Workshop: Universidade Estadual do Sudoeste da Bahia, Vitória da Conquista, outubro 2006).

_____. "A servidão natural do selvagem e a guerra justa contra o bárbaro" In: *A descoberta do homem e do mundo*. Adauto Novaes (org.). São Paulo: Companhia das Letras, 1998.

_____. "Introdução" In: *Poesia seiscentista*. Alcir Pécora (org.). São Paulo: Hedra, 2002.

KANTAROWICZ, Ernest H. *Os dois corpos do rei*. Tradução de Cid Knipel Moreira. São Paulo: Companhia das Letras, 1998.

KOSELLECK, Reinhart. *Futuro Passado: contribuição à semântica dos tempos históricos*. Rio de Janeiro: Editora da Pontifícia Universidade Católica do Rio de Janeiro, 2006.

LOBO, Francisco Rodrigues. *Corte na aldeia e noites de inverno*. Edição de Afonso Lopes Vieira. Lisboa: Sá da Costa, 1972.

MENDONÇA, Hieronimo. *Iornada de Africa*. Lisboa: Off. de Joze da Silva Nazareth, 1785.

PÉCORA, Alcir. "A arte das cartas jesuíticas do Brasil". In: *Máquina de Gêneros*. São Paulo: Editora da Universidade de São Paulo, 2001.

_____. "Vieira, o índio e o corpo místico". In: *A descoberta do homem e do mundo*. Adauto Novaes (org.). São Paulo: Companhia das Letras, 1998.

PLINY THE ELDER. *The Natural History*. John Bostock, M.D., F.R.S. H.T. Riley, Esq., B.A. London: Taylor and Francis, Red Lion Court, Fleet Street. 1855.

_____. *Naturalis Historia*. Karl Friedrich Theodor Mayhoff. Lipsiae. Teubner, 1906.

SANTOS, Manoel. *Historia Sebastica*. Lisboa: Officina de Antonio Pedrozo Galram, 1735.

SEED, Patricia. *Cerimônias de posse na conquista europeia do novo mundo*, 1492–1640; Tradução de Lenita R. Esteves. São Paulo: Editora Unesp, 1999.

TODOROV, Tzvetan. *A conquista da América: a questão do Outro*; Tradução de Beatriz Perrone-Moisés. São Paulo: Martins Fontes, 2003.

WHITE, Hayden. *Meta-história: a imaginação histórica do século XIX*; tradução José Laurêncio de Melo. São Paulo: Edusp, 1995.

ZUMTHOR, Paul. *A letra e a voz: a "literatura" medieval.*; Tradução de Amálio Pinheiro, Jerusa Pires Ferreira. São Paulo: Companhia das Letras, 1993.

DICIONÁRIOS E PERIÓDICOS

COLLECÇÃO *de opúsculos reimpressos relativos a historia das navegações, viagens e conquistas dos portugueses pela Academia Real das Sciencias*, Tomo I, n°III, 1858.

REVISTA *Trimensal do Instituto Historico Geographico e Ethnographico do Brasil, fundado no Rio de Janeiro debaixo da immediata protecção de s. m. i. o senhor D. Pedro II*. Tomo XXII. Rio de Janeiro: Typ. Imparcial de J. M. N. Garcia, 1859.

BLUTEAU. *Vocabulario portuguez e latino*. Coimbra: Collegio das Artes da Companhia de Jesus, 1712.

PEREYRA, D. Bento. *Thesouro da Lingoa portuguesa*. Lisboa: Paulo Craesbeeck, 1647.

HISTÓRIA DA PROVÍNCIA SANTA CRUZ

História da província Santa Cruz
*a que vulgarmente chamamos Brasil;
feita por Pero de Magalhães de Gandavo,
dirigida ao muito ilustre senhor Dom
Lionis Pereira, governador que foi de
Malaca e das mais partes do Sul na Índia*

APROVAÇÃO[*]

Vi a presente obra de Pero de Magalhães, por mandado dos senhores do Conselho geral da Inquisição, e não tem

---

[*]. Entre os documentos exordiais, as aprovações do Ordinário, da Inquisição e do Paço deviam testemunhar a verdade da instrução que o livro continha, segundo a lei católica em Portugal, autorizando sua impressão e circulação, de modo que não representasse ofensa "contra a nossa santa Fé católica". O primeiro texto parece ser a aprovação do Ordinário, feita por uma autoridade episcopal do reino e expressa como parecer *ad hoc* solicitado pelas autoridades do Conselho Geral do Santo Ofício da Inquisição, que assinam o segundo texto. Ao que se sabe, a última Licença não aparece em todos os exemplares do livro existentes hoje. Pela diferença na caixa de texto, parece ter sido inserida após a impressão completa do volume, e pelo que se sabe, não em todos os exemplares. Aparentemente, esta é a Licença do Paço, ou se faz passar por ela, uma vez que a *História da província Santa Cruz*, foi tirada de circulação depois de impressa.

coisa que seja contra a nossa santa Fé católica, nem os bons costumes, antes muitas muito para ler, hoje 10 de novembro de 1575.

Francisco de Gouvea

Vista a informação, pode-se imprimir, e torne o próprio com um dos impressos a esta mesa; e este despacho se imprimirá no princípio do livro com a dita informação. Em Évora a 10 de Novembro, Manuel Antunes Secretário do Conselho geral do Santo Ofício da Inquisição o fez de 1575 anos.

Lião Henriquez
Manuel de Coadros

Pode-se imprimir esta obra, por não ser prejudicial em coisa alguma, antes mui conveniente para se poder ler; em Lisboa a 4 de Fevereiro de 1576.

Christóvão de Matos

Vendem-se em casa de João Lopez, livreiro na rua Nova.

Ao muito ilustre
senhor Dom Lionis Pereira
*sobre o livro que lhe oferece Pero de
Magalhães: tercetos de Luis de Camões**

Depois que Magalhães teve tecida
A breve história sua que ilustrasse,
A terra Santa Cruz pouco sabida,

Imaginando a quem a dedicasse,
Ou com cujo favor defenderia   5

---

*. Segundo a edição portuguesa do século XIX, há na Biblioteca do Escorial um manuscrito contemporâneo do XVI, tanto da Elegia IV quanto do Soneto CCXXVIII, de Camões. Diz o bibliotecário da dita Biblioteca, D. José de Quevedo, sobre o manuscrito: "*El Ms. consta de 81 foliòs utiles y algunos en blanco al principio y fin, y un poco quemada la cubierta, aunque el escrito no ha padecido. Nota. El encabezamiento de los tercetos dice: Ao muito ilustre snor. Dom Leoniz Pereira sobre o livro que lhe offerece Pero de Magalhães — Tercetos de Luiz de Camões.*" (Cf. *Collecção de opúsculos reimpressos relativos à historia das navegações, viagens e conquistas dos portugueses pela Academia Real das Sciencias.* Tomo I, no. III. Lisboa, na Typographia da Academia Real das Sciencias, 1858.)

Seu livro, de algum Zoilo[1] que ladrasse,

Tendo nisto ocupada a fantasia,
Lhe sobreveio um sono repousado,
Antes que o Sol abrisse o claro dia,

5 Em sonhos lhe aparece todo armado
Marte, brandindo a lança furiosa,
Com que fez quem o viu todo enfiado,

Dizendo em voz pesada e temerosa,
Não é justo que a outrem se ofereça
10 Nenhuma obra que possa ser famosa,

Se não a quem por armas resplandeça,
No mundo todo, com tal nome e fama,
Que louvor imortal sempre mereça.

Isto assim dito, Apolo que da flama[2]

---

1. Segundo Bluteau, Zoilo é o nome atribuído a um antigo retor e crítico de profissão, e que designa os que com injurioso e maligno zelo censuram as obras alheias. Para fazer fama a seu nome, esse Zoilo criticou os versos de Homero e escreveu contra Platão e Isócrates. Dele surge a alcunha Zoilo a todo crítico "presumido ou censurador de mal afeto". (ver bibliografia na Introdução. Nas notas explicativas de vocabulário específico, utilizamos os dicionários de Bento Pereira e Bluteau, pela proximidade com as fontes que estudamos. Não os mencionaremos necessariamente, mas devem estar supostos nas explicações fornecidas.)

2. A edição da *História da província Santa Cruz* da Academia Real das Ciências, publicada em 1858, sob o título de *Collecção de opúsculos*

Celeste guia os carros, da outra parte
Se lhe apresenta, e por seu nome o chama

Dizendo, Magalhães, posto que Marte
Com seu terror te espante, todavia
Comigo deves só de aconselhar-te.

Um barão sapiente, em quem Talia,[3]
Pôs seus tesouros, e eu minha ciência,
Defender tuas obras poderia.

É justo que a escritura na prudência
Ache sua defensão, porque a dureza
Das armas, é contrária da eloquência:

Assim disse, e tocando com destreza
A cítara dourada, começou
De mitigar de Marte a fortaleza:

reimpressos relativos à historia das navegações etc. (op. cit; ver nota 1, supra) confronta a cópia do manuscrito com a Elegia IV que vem em compilações diversas das obras de Camões, a do senhor Barreto Feio, e J.G. Monteiro, Hamburgo, 1834, a de Thadeo Ferreira, 1783, e a publicada em Lisboa em 1852, em Escriptorio da Bibliotheca Portuguesa. A mesma edição anota as principais variantes entre os diversos exemplares. Hoje podemos pensar, com Zumthor, que tais variações são presumidas numa circulação de poemas que se operam na tradição oral, manuscrita, impressa etc., vinculada ou não à performance do poeta.

3. Talia é uma das nove musas do Hélicon, segundo o panteão grego apropriado em âmbito católico para ornamentação retórica. Nos tercetos, parece associada ao sentido atribuído a ela por Bluteau, como talento natural, ou engenho.

Mas Mercúrio, que sempre costumou
A despartir porfias duvidosas,
Co caduceu na mão que sempre usou,[4]

Determina compor as perigosas
5   Opiniões dos Deuses inimigos,
Com razões boas, justas e amorosas,

E disse, bem sabemos dos antigos
Heróis, e dos modernos, que provaram
De Belona[5] os gravíssimos perigos,

10   Que também muitas vezes ajuntaram
Às armas eloquência, porque as Musas
Mil capitães na guerra acompanharam:

Nunca Alexandre, ou César nas confusas
Guerras, deixaram o estudo um breve espaço,
15   Nem armas das ciências são escusas.

Numa mão livros, noutra ferro e aço:
A uma rege e ensina, e outra fere
Mais com saber se vence que com braço.

---

4. Caduceu é o nome do cetro de Hermes ou Mercúrio, com que conduz os mortos para o Hades e a fama dos grandes para a posteridade. A divindade pagã está sobretudo associada aqui à fama, que se conquista pelas armas e se perpetua pelas letras.

5. Conforme Bluteau: "Bellona deriva-se do Latim *bellum*, guerra; é o nome da deusa da guerra, Mulher, Mãe, ou ama de Marte; querem alguns, que esta mesma seja Minerva, ou Palas, e por isso a pintaram alguns como Palas, com um pique na mão".

DEDICATÓRIA

Pois logo barão grande se requere,
Que com teus dons Apolo ilustre seja,
E de ti Marte palma e glória espere.

Este vos darei eu, em que se veja,
Saber e esforço no sereno peito, 5
Que é Dom Lionis que faz ao mundo inveja.

Deste as Irmãs em vendo o bom sujeito,
Todas nove nos braços o tomaram,
Criando-o com seu leite no seu leito.

As artes e ciências lhe ensinaram, 10
Inclinação divina lhe influíram,
As virtudes morais que o logo ornaram.

Daqui os exercícios o seguiram,
Das armas no Oriente, onde primeiro,
Um soldado gentil instituíram. 15

Ali tais provas fez de cavaleiro,
Que de Cristão magnânimo e seguro,
A si mesmo venceu por derradeiro.

Depois já capitão forte e maduro,
Governando toda áurea Quersoneso,[6] 20
Lhe defendeu com braço o débil muro.

---

6. Malaca (na pronúncia brasileira corrente, Málaca), cidade da Ásia oriental, mais distante que Goa, próxima a Sumatra, foi até o

Porque vindo a cercá-la todo o peso
Do poder dos Achéns, que se sustenta
Do sangue alheio, em fúria todo aceso.

Este só que a ti Marte representa
O castigou de sorte, que o vencido
De ter quem fique vivo se contenta.

Pois tanto que o grão Reino defendido
Deixou, segunda vez com maior glória,
Para o ir governar foi elegido.

E não perdendo ainda da memória
Os amigos o seu governo brando,
Os imigos o dano da vitória.

Uns com amor intrínseco esperando
Estão por ele, e os outros congelados
O vão com temor frio receando.

Pois vede se serão desbaratados
De todo, por seu braço se tornasse,

início do século XVI um sultanato, conquistado para Portugal, em 1511, por Afonso de Albuquerque, e perdida para os holandeses, em 1541. Bluteau, assim, a situa e nomeia: "Cidade da Ásia, em uma Península do Rio Indo, além do Ganges. Antigamente foi chamada Quersoneso Dourado, ou Áurea Quersoneso. Afonso de Albuquerque a sujeitou à coroa de Portugal, e algum tempo foi Cidade Episcopal. Havia em Malaca seis mil peças de grossa artilharia, quando foi rendida. Hoje são senhores dela os Holandeses".

DEDICATÓRIA

E dos mares da Índia degradados.

Porque é justo que nunca lhe negasse
O conselho do Olimpo alto e subido
Favor e ajuda com que pelejasse.

Pois aqui certo está bem dirigido,　　　　5
De Magalhães o livro, este só deve
De ser de vós, ó Deuses escolhido.

Isto Mercúrio disse: e logo em breve
Se conformaram nisto, Apolo e Marte,
E voou juntamente o sono leve.　　　　10

Acorda Magalhães, e já se parte
A vos oferecer Senhor famoso
Tudo o que nele pôs, ciência e arte.

Tem claro estilo, engenho curioso,
Para poder de vós ser recebido,　　　　15
Com mão benigna de ânimo amoroso.

Porque só de não ser favorecido
Um claro espírito, fica baixo e escuro,
E seja ele convosco defendido,

Como o foi de Malaca o fraco muro.　　　　20

Soneto do mesmo autor
ao senhor Dom Lionis, acerca da vitória que houve contra el-Rei do Achem em Malaca

Vós Ninfas da Gangética espessura,
Cantai suavemente em voz sonora
Um grande Capitão, que a roxa Aurora
Dos filhos defendeu da noite escura.

Ajuntou-se a caterva negra e dura, 5
Que na áurea Quersoneso afoita mora,
Para lançar do caro ninho fora
Aqueles que mais podem que a Ventura.

Mas um forte Lião com pouca gente,
A multidão tão fera como néscia, 10
Destruindo castiga, e torna fraca.

Pois ó Ninfas cantai que claramente
Mais do que fez Leônidas em Grécia
O nobre Lionis fez em Malaca.

Ao muito ilustre senhor
Dom Lionis Pereira, epístola de Pero de Magalhães

NESTE PEQUENO serviço (muito ilustre senhor) que ofereço a v.m. das primícias de meu fraco entendimento, poderá em alguma maneira conhecer os desejos que tenho de pagar com minha possibilidade alguma parte do muito que se deve à ínclita fama de vosso heroico nome.[1] E isto assim pelo merecimento do nobilíssimo sangue e clara progênie donde traz sua origem, como pelos troféus das grandes vitórias, e casos bem afortunados que lhe hão sucedido nessas partes do Oriente em que Deus o quis favorecer com tão larga mão, que não cuido ser toda minha vida bastante para satisfazer à menor parte de seus louvores.

---

1. A epístola, como gênero retoricamente definido, é composta em prosa (*sermo solutus*); tem por primeira parte a *salutatio* ou saudação, em primeira pessoa, e é determinada pela relação ou diferença de dignidades entre o remetente e o destinatário. Respeitados os decoros às respectivas dignidades, o gênero epistolar é proposto como próximo da conversação comum amigável (*sermo communis*) entre ausentes, devendo ser breve, em estilo humilde, ou simples, e deixando entrever o *caráter* daquele que a escreve. Ver "A arte das cartas jesuíticas do Brasil", In: Alcir Pécora, *Máquina de Gênero*, São Paulo: EdUSP, 2001.

E como todas estas razões me ponham em tanta obrigação, e eu entenda que outra nenhuma coisa deve ser mais aceita a pessoas de altos ânimos que a lição das escrituras, por cujos meios se alcançam os segredos de todas as ciências, e os homens vêm a ilustrar seus nomes e perpetuá-los na terra com fama imortal, determinei escolher a v.m. entre os mais senhores da terra, e dedicar-lhe esta breve história, a qual espero que folgue de ver com atenção e receber-ma benignamente debaixo de seu amparo: assim por ser coisa nova, e eu a escrever como testemunha de vista:[2] como por saber quão particular afeição v.m. tem às coisas do engenho, e que por esta causa lhe não será menos aceito o exercício das escrituras, que o das armas,[3] por onde com muita razão favorecido desta

---

2. Quando o remetente pede que o destinatário veja e receba a breve história debaixo de seu amparo, tem lugar a *petitio*, que tem por função exortar ao homem de armas a favorecer o homem de letras, seja promovendo a impressão do livro, seja indicando para alguma posição digna de um letrado que mostra serviço no ofício, sejam outras formas de movimentação institucional. Ao se declarar "testemunha de vista", Gandavo não se coloca como observador empírico, ainda que tenha passado pelas terras tratadas; *testemunho de vista* compõe a própria representação do autor como historiador, designando com esta fórmula o tipo de *fé* ou *prova retórica*, que o discurso histórico deve produzir, seguindo nisso a convenção retirada já de Heródoto e Tucídides, primeiras autoridades do gênero.

3. Recorrendo à mesma tópica das letras e armas já empregada nos tercetos de Camões, o destinatário é representado aqui como homem de armas a quem se atribui a boa ciência de fomentar as letras, por meio do testemunho do historiador que tem por fim perpetuar a fama do homenageado. Deve-se ter em vista que todas estas notas pretendem apenas evidenciar a construção de *caracteres* por meio

confiança possa seguramente sair à luz com esta pequena empresa e divulgá-la pela terra sem nenhum receio, tendo por defensor dela a v.m., cuja muito ilustre pessoa nosso senhor guarde e acrescente sua vida e estado por longos e felizes anos.

5

---

de *lugares-comuns* e de procedimentos artísticos, ou técnicos, não correspondendo, portanto, imediatamente a circunstâncias empíricas, ou "reais".

Prólogo ao leitor*

A CAUSA PRINCIPAL que me obrigou a lançar mão da presente história, e sair com ela à luz foi por não haver até agora pessoa que a empreendesse, havendo já setenta e tantos anos que esta província é descoberta; a qual história creio que mais esteve sepultada em tanto silêncio, pelo pouco caso que os portugueses fizeram sempre da mesma província, que por faltarem na terra pessoas de engenho e curiosas, que por melhor estilo e mais copiosamente que eu a escrevessem. Porém já que os estrangeiros a tem noutra estima, e sabem suas particularidades melhor e mais de raiz que nós (aos quais lançaram já os portugueses fora dela à força de armas por muitas vezes), parece coisa decente e necessária terem também os nossos naturais a mesma notícia, especialmente para que todos aqueles que nestes reinos vivem em pobreza não duvidem escolhê-la para seu amparo; porque a mesma terra é tal, e tão

*. O prólogo ao leitor é o discurso exordial dirigido ao gênero, mais ou menos restrito, de leitores a que se destina o livro. Tem a finalidade, retórica por excelência, de dispor o ânimo do leitor, ou do auditório, a que siga com a atenção até onde for possível, como se lê na *Retórica a Herênio*, atribuída a Cícero. "Poderemos fazer dóceis os ouvintes se expusermos brevemente a súmula da causa e se os tornarmos atentos, pois é dócil aquele que deseja ouvir atentamente." ([Cícero]. *Retórica a Herênio*, São Paulo, Hedra, 2005).

favorável aos que a vão buscar, que a todos agasalha e convida com remédio por pobres e desamparados que sejam.[1] E também há nela coisas dignas de grande admiração, e tão notáveis, que parecera descuido e pouca curiosidade nossa, não fazer menção delas em algum discurso, e dá-las à perpétua memória, como costumavam os antigos; aos quais não escapava coisa alguma que por extenso não reduzissem à história, e fizessem menção em suas escrituras de coisas menores que estas, as quais hoje em dia vivem entre nós como sabemos, e viverão eternamente.[2] E se os antigos portugueses, e ainda os modernos não foram tão pouco afeiçoados à escritura como são, não se perderam tantas antiguidades entre nós de que agora carecemos, nem houvera tão profundo esquecimento de muitas coisas, em cujo estudo têm muitos homens doutos cansado, e revolvido grande cópia de livros sem as poderem descobrir, nem recuperar da maneira que passaram. Daqui vinha aos gregos e romanos haverem todas as outras nações por bárbaras, e na verdade com razão lhes podiam

1. Duas vezes repetida na carta dedicatória ao Cardeal-Infante, a recomendação da "costa do Brasil" para os portugueses que estejam em pobreza na pátria é também empregada no manuscrito *Tratado da terra do Brasil*, como argumento da utilidade dos assuntos particulares do sumário da terra, bem como dos serviços de quem o escreve.

2. Ainda na função retórica da captação da benevolência, diz o anônimo da *Retórica a Herênio*: "Teremos ouvintes atentos se prometermos falar de matéria importante, nova e extraordinária ou que diz respeito à República, ou aos próprios ouvintes, ou ao culto dos deuses imortais; se pedirmos que ouçam atentamente e se enumerarmos o que vamos dizer" (Op. cit., ver nota 1 e Bibliografia).

dar este nome pois eram tão pouco solícitos e cobiçosos de honra que por sua mesma culpa deixavam morrer aquelas coisas que lhes podiam dar nome e fazê-los imortais. Como pois a escritura seja vida da memória, e a memória uma semelhança da imortalidade a que todos devemos aspirar,[3] pela parte que dela nos cabe, quis movido destas razões, fazer esta breve história, para cujo ornamento não busquei epítetos esquisitos, nem outra formosura de vocábulos de que os eloquentes oradores costumam usar, para com artifício de palavras engrandecerem suas obras. Somente procurei escrever esta na verdade, por um estilo fácil e chão, como meu fraco engenho me ajudou, desejoso de agradar a todos os que dela quiserem ter notícia. Pelo que devo ser desculpado das faltas que aqui me podem notar; digo dos discretos, que com são zelo o costumam fazer, que dos idiotas e maldizentes bem sei que não hei de escapar, pois está certo não perdoarem a ninguém.

---

3. Seguindo os lugares sobretudo de Cícero, a escrita da história nos séculos XVI e XVII atribui um caráter exemplar à própria narrativa histórica. Neste sentido, uma das finalidades primordiais do gênero histórico seria fornecer exemplos de virtudes e vícios, úteis em qualquer tempo presente para a concórdia da *civitas*, ou do corpo político do Estado. Numa famosa passagem do *De oratore*, Cícero diz ser a história testemunha do tempo, a luz da verdade, a vida da memória, a Mestra da vida, e a mensageira da antiguidade ("*testis temporum, Lux veritatis, vita Memoriæ, Magistra vitæ, Nuntia Vetustatis Historia dicitur*").

De como se descobriu esta província
e a razão porque se deve chamar
Santa Cruz, e não Brasil

REINANDO AQUELE mui católico e sereníssimo Príncipe el-Rei Dom Manuel, fez-se uma frota para a Índia de que ia por capitão mór Pedro Álvarez Cabral; que foi a segunda navegação que fizeram os portugueses para aquelas partes do Oriente. A qual partiu da cidade de Lisboa a 9 de Março no ano de 1500. E sendo já entre as ilhas do Cabo Verde (as quais iam demandar para fazer aí aguada) deu-lhes um temporal, que foi causa de as não poderem tomar, e de se apartarem alguns navios da companhia. E depois de haver bonança junta outra vez a frota, empegaram-se ao mar,[1] assim por fugirem das calmarias de Guiné, que lhes podiam estorvar sua viagem, como por lhes ficar largo poderem dobrar o cabo de Boa Esperança. E havendo há um mês, que iam naquela volta navegando com vento próspero, foram dar na costa desta província; ao longo da qual cortaram todo aquele dia, parecendo

---

1. Termo náutico: engolfar, meter-se no golfo. Navegar em alto mar, sem ver outra coisa, que água e céu (*in altum navigare*).

a todos que era alguma grande ilha que ali estava sem haver piloto, nem outra pessoa alguma que tivesse notícia dela, nem que presumisse que podia estar terra firme para aquela parte Ocidental.[2] E no lugar que lhes pareceu dela mais acomodado, surgiram[3] aquela tarde, onde logo tiveram vista da gente da terra: de cuja semelhança não ficaram pouco admirados, porque era diferente da de Guiné, e fora do comum parecer de toda outra que tinham visto. Estando assim surtos[4] nesta parte que digo, saltou aquela noite com eles tanto tempo, que lhes foi forçado levarem as âncoras, e com aquele vento que lhes era largo por aquele rumo, foram correndo a costa até chegarem a um porto limpo e de bom surgidouro onde entraram; ao qual puseram então este nome, que hoje em dia tem de Porto Seguro, por lhes dar colheita e os assegurar do perigo da tempestade que levavam. Ao outro dia seguinte, saiu Pedro Álvarez em terra com a maior parte da gente;

2. Sobre o desvio das naus pela tempestade, ver também João de Barros em sua *Décadas* (1552). Vale lembrar que, entre as tópicas da invenção da história, segundo a verossimilhança particular de que deve tratar, o relato da dificuldade encarece, ou amplifica, a ação que se louva no discurso demonstrativo, que constituía a *historia magistra*. Contudo, como a verdade histórica que aí se supõe pensa o mundo como uma ordem mística politicamente instituída, o obstáculo no caminho das naus precede providencialmente o maravilhoso do seu descobrimento. Ainda, mesmo a produção do maravilhoso confina-se prescritivamente nos limites do verossímil histórico, ou seja, sem a intervenção de uma divindade pagã, por exemplo, como é mais comumente recomendado na invenção da poesia heroica.
3. Termo náutico: tomar porto, aportar.
4. Aportados, chegados ao porto.

na qual se disse logo missa cantada, e houve pregação; e
os índios da terra que ali se ajuntaram ouviam tudo com
muita quietação, usando de todos os atos e cerimônias
que viam fazer aos nossos. E assim se punham de joelhos
e batiam nos peitos, como se tiveram lume de fé, ou que
por alguma via lhes fora revelado aquele grande e inefável
mistério do Santíssimo Sacramento.[5] No que mostravam
claramente estarem dispostos para receberem a doutrina
cristã a todo tempo que lhes fosse denunciada como gente
que não tinha impedimento de ídolos, nem professava outra lei alguma que pudesse contradizer a esta nossa, como
adiante se verá no capítulo que trata de seus costumes.
Então despediu logo Pedro Álvarez um navio com a nova
a el-Rei Dom Manuel, a qual foi dele recebida com muito
prazer e contentamento; e daí por diante começou logo
de mandar alguns navios a estas partes, e assim se foi a
terra descobrindo pouco a pouco e conhecendo de cada
vez mais, até que depois se veio toda a repartir em capitanias e a povoar da maneira que agora está. E tornando a
Pedro Álvarez seu descobridor, passados alguns dias que

---

5. Na *Carta de Pero Vaz de Caminha*, diz-se sobre a primeira missa: "Ao domingo de Páscoa pela manhã, determinou o Capitão ir ouvir missa e sermão naquele ilhéu. E mandou a todos os capitães que se arranjassem nos batéis e fossem com ele. E assim foi feito. Mandou armar um pavilhão naquele ilhéu, e dentro um altar mui bem arranjado. E ali todos nós outros fez dizer missa, a qual disse o frei Henrique, em voz entoada, e oficiada com aquela mesma voz pelos outros padres e sacerdotes que todos assistiram, a qual missa, segundo meu parecer, foi ouvida por todos com muito prazer e devoção". Ver bibliografia na Introdução.

ali esteve fazendo sua aguada e esperando por tempo que lhe servisse, antes de se partir, por deixar nome àquela província, por ele novamente descoberta, mandou alçar uma cruz no mais alto lugar de uma árvore, onde foi arvorada com grande solenidade e bênçãos de sacerdotes que levava em sua companhia, dando a terra este nome de Santa Cruz; cuja festa celebrava naquele mesmo dia a santa madre Igreja (que era aos 3 de Maio).[6] O que não parece carecer de mistério, porque assim como nestes Reinos de Portugal trazem a cruz no peito por insígnia da ordem e cavalaria de Cristo, assim aprouve a ele que esta terra se descobrisse a tempo, que o tal nome lhe pudesse ser dado neste santo dia, pois havia de ser possuída de portugueses, e *ficar por herança de patrimônio ao mestrado da mesma ordem de Cristo.* Por onde não parece razão, que lhe neguemos este nome, nem que nos esqueçamos dele tão indevidamente por outro que lhe deu *o vulgo mal*

---

6. Os portugueses atribuíam uma origem romana à sua prática ocasional de erigir cruzes, embora a presença de objetos no Novo Mundo fosse considerada secundária em relação a outras maneiras de *representar* suas reivindicações de posse, domínio e senhorio: no exemplo português, a demarcação por meio dos números, paralelos, estrelas, tratados descritivos etc. A ocupação por meio da transferência voluntária ou involuntária de *nacionais* do reino, mesmo que empobrecidos, era considerada uma dentre as formas de demarcação do domínio. Não deveríamos portanto supor que enviar mais ou menos gente para as novas possessões é sinal de maior ou menor interesse ou visão de futuro entre os Estados europeus que então disputavam pelos domínios ultramarinos. Patricia Seed, *Cerimônias de posse na conquista europeia do Novo Mundo* (1492–1640), São Paulo: Unesp/Cambridge University Press, 1999.

considerado, depois que o pau da tinta começou de vir a estes Reinos. Ao qual chamaram brasil por ser vermelho e ter semelhança de brasa, e daqui ficou a terra com este nome de Brasil.[7] Mas para que nesta parte magoemos ao Demônio, que tanto trabalhou e trabalha por extinguir a memória da Santa Cruz, e desterrá-la dos corações dos homens (mediante a qual fomos redimidos e livrados do poder de sua tirania) tornemos-lhe a restituir seu nome, e chamemos-lhe província de Santa Cruz como em princípio (que assim o admoesta também aquele ilustre e famoso escritor João de Barros na sua primeira *Década*, tratando deste mesmo descobrimento). Porque na verdade mais é de estimar e melhor soa nos ouvidos da gente cristã o nome de um pau em que se obrou o mistério de nossa redenção, que o doutro que não serve de mais que de tingir panos ou coisas semelhantes.

---

7. A reivindicação de posse com base na nomeação do lugar é menos relevante entre os portugueses do século XVI do que a descrição matemática da localização orientada pelos astros, contando paralelos a partir de um marco zero ao sul de Lisboa, assim como mais tarde, com a hegemonia inglesa, serão contados paralelos a partir de um subúrbio de Londres conhecido como Greenwich. Quanto às designações dadas às terras novamente descobertas, a nomeação dos domínios ultramarinos, na tradição portuguesa, está quase sempre ligada ao nome da principal mercadoria negociada — costa do marfim, costa da pimenta, costa do brasil, preferido ao menos no uso comum (ou na forma *vulgarmente chamada*). (ver Patricia Seed, na bibliografia da Introdução.)

Em que se descreve o sítio
e qualidades desta província[*]

ESTA PROVÍNCIA Santa Cruz está situada naquela grande América, uma das quatro partes do mundo. Dista o seu princípio dois graus da Equinocial para a banda do Sul, e daí se vai estendendo para o mesmo Sul até 45 graus. De maneira que parte dela fica situada debaixo da Zona tórrida, e parte debaixo da temperada. Está formada esta província à maneira de uma harpa; cuja costa pela banda

---

[*]. Este capítulo, como os que o seguem, é composto segundo emulação da *História natural* de Plínio, o Velho, obra autorizada com as descrições de paisagem, fauna, flora, mantimento etc., que se tornam tópicas das tradições de relato do Novo Mundo, de acordo com verossímeis reconhecíveis pelos leitores europeus. Na construção do discurso histórico, que pertence ao gênero demonstrativo da retórica, as tópicas do lugar ameno cumprem a função de louvar o monarca senhor daquele domínio por meio da amplificação das qualidades dos ventos, rios, lagos etc. Menandro, por exemplo, prescreve que o louvor da natureza deve considerar se é montanhosa ou não a formação das rochas, se é árido ou encharcado, se é fértil ou menos fértil, e assim por diante. Para cada uma das qualidades louváveis, ou de seus contrários, Menandro apresenta um argumento que deve produzir persuasão no louvor. Neste sentido, mesmo as paisagens mais áridas e pedregosas, e mais desertas do convívio humano, devem ser louvadas, por exemplo, pelas propícias condições para o exercício da filosofia e do desengano.

do Norte corre do Oriente ao Ocidente e está olhando direitamente a Equinocial. E pela do Sul confina com outras províncias da mesma América povoadas e possuídas de povo gentílico com que ainda não temos comunicação. E pela do Oriente confina com o mar Oceano Áfrico, e olha direitamente os Reinos de Congo e Angola até o cabo de Boa Esperança que é o seu opósito. E pela do Ocidente confina com altíssimas serras dos Andes e fraldas do Peru, as quais são tão soberbas em cima da terra, que se diz terem as aves trabalho em as passar.[1] E até hoje um só caminho lhe acharam os homens vindo do Peru a esta província, e este tão agro, que em o passar perecem algumas pessoas, caindo do estreito caminho que trazem, e vão parar os corpos mortos tão longe dos vivos que nunca os mais veem, nem podem, ainda que queiram dar-lhes sepultura. Destes e de outros extremos semelhantes carece esta província Santa Cruz; porque com ser tão grande, não tem serras (ainda que muitas), nem desertos, nem alagadiços, que com facilidade se não possam atravessar. Além disto é esta província sem contradição a melhor para a vida do homem que cada uma das outras de América, por ser comumente de bons ares e fertilíssima, e em grã maneira deleitosa e aprazível à vista humana.

1. Ainda com Patricia Seed, a descrição celeste nos escritos do século XVI relativos às navegações portuguesas significava um novo conhecimento astronômico, com medidas mais precisas do firmamento. Assim, por meio de um conhecimento teórico e técnico que pretendia constituir a autoridade real portuguesa nas terras de além-mar, legitimava-se o *descobrimento* da terra pela descrição do céu que a recobre.

EM QUE SE DESCREVE O SÍTIO

O ser ela tão salutífera e livre de enfermidades, procede dos ventos que geralmente cursam nela; os quais são Nordestes e Suis, e algumas vezes Lestes e Leste-oestes. E como todos estes procedam da parte do mar, vêm tão puros e coados, que não somente não danam; mas recreiam e acrescentam a vida do homem. A viração destes ventos entra ao meio dia pouco mais ou menos, e dura até de madrugada; então cessa por causa dos vapores da terra que o apagam. E quando amanhece as mais das vezes está o céu todo coberto de nuvens, e assim as mais das manhãs chove nestas partes, e fica a terra toda coberta de névoa, por respeito de ter muitos arvoredos que chamam a si todos estes humores. E neste intervalo sopra um vento brando que na terra se gera, até que o sol com seus raios o acalma, e entrando o vento do mar acostumado, torna o dia claro e sereno, e faz ficar a terra limpa e desimpedida de todas estas exalações.[2]

Esta província é à vista mui deliciosa e fresca em grã maneira; toda está vestida de mui alto e espesso arvoredo, regada com as águas de muitas e mui preciosas ribeiras de que abundantemente participa toda terra, onde permanece sempre a verdura com aquela temperança da primavera que cá nos oferece abril e maio. E isto causa não

---

2. Ao nomear os diferentes ventos, o autor da *História da província* o faz em emulação a Plínio, o Velho, talvez sua principal *autoridade*, ou *modelo antigo*. Na *Historia naturalia* (II, 46), designam-se os diferentes pontos do compasso dos quais os ventos provêm, nomeando-os de acordo com os pontos de onde se levantam e onde se deitam, nos diferentes períodos do ano.

haver lá frios, nem ruínas de inverno que ofendam a suas plantas, como cá ofendem às nossas. Enfim que assim se houve a Natureza com todas as coisas desta província, e de tal maneira se comediu na temperança dos ares, que nunca nela se sente frio nem quentura excessiva.[3]

As fontes que há na terra, são infinitas, cujas águas fazem crescer a muitos e mui grandes rios que por esta costa, assim da banda do Norte, como do Oriente entram no mar Oceano. Alguns deles nascem no interior do sertão, os quais vem por longas e tortuosas vias a buscar o mesmo Oceano; onde suas correntes fazem afastar as marinhas águas por força, e entram nele com tanto ímpeto que com muita dificuldade e perigo se pode por eles navegar. Um dos mais famosos e principais que há nestas partes é o das Amazonas, o qual sai ao Norte meio grau da Equinocial para o Sul, e tem trinta léguas de boca pouco mais ou menos. Este rio tem na entrada muitas ilhas que o dividem em diversas partes, e nasce de uma lagoa que está cem léguas do mar do Sul ao pé de umas serras do Quito, província do Peru, donde partiram já algumas embarcações de Castelhanos, e navegando por ele abaixo, vieram sair no mar Oceano meio grau da Equinocial, que será distância de 600 léguas por linha direita, não contando as mais que se acrescentam nas voltas que faz o mesmo

---

3. Para maiores informações sobre a supressão de informações negativas desta *costa do Brasil* que Pero de Magalhães relata no *Tratado da terra do Brasil*, veja-se o cotejo que as notas de Sheila Hue e Ronaldo Menegaz propõem na edição que fazem da *História da província Santa Cruz* (ver bibliografia na Introdução).

rio. Outro mui grande cinquenta léguas deste para Oriente sai também a Norte, a que chamam rio do Maranhão. Tem dentro muitas ilhas, e uma no meio da barra que está povoada de gentio, ao longo da qual podem surgir quaisquer embarcações. Terá este rio sete léguas de boca, pela qual entra tanta abundância de água salgada, que daí cinquenta léguas pelo sertão dentro, é nem mais nem menos como um braço de mar, até onde se pode navegar por entre as ilhas sem nenhum impedimento. Aqui se metem dois rios nele que vem do sertão, por um dos quais entraram alguns portugueses quando foi do descobrimento que foram fazer no ano de [15]35 e navegaram por ele acima 250 léguas, até que não puderam ir mais por diante por causa da água ser pouca e o rio se ir estreitando de maneira que não podiam já por ele caber as embarcações. Do outro não descobriram coisa alguma, e assim se não sabe até agora donde procedem ambos. Outro mui notável sai pela banda do Oriente ao mesmo Oceano, a que chamam de são Francisco; cuja boca está em 10 graus e um terço, e será meia légua de largo. Este rio entra tão soberbo no mar e com tanta fúria, que não chega a maré à boca, somente faz algum tanto represar suas águas, e daí três léguas ao mar se acha água doce. Corre-se da boca, do Sul para o Norte; dentro é muito fundo e limpo, e pode-se navegar por ele até 60 léguas como já se navegou. E daí por diante se não pode passar por respeito de uma cachoeira mui grande que há neste passo, onde cai o peso da água de mui alto. E acima desta cachoeira se mete o mesmo rio debaixo da terra e vem sair daí uma légua; e quando há cheias arrebenta por cima e arrasa toda a terra. Este rio procede de um lago mui grande que está no íntimo da terra, onde afirmam que há muitas povoações, cujos moradores (segundo fama) possuem grandes haveres de ouro e pedraria. Outro rio mui grande e um dos mais espantosos do mundo, sai pela mesma banda do Oriente em 35 graus, a que chamam rio da Prata, o qual entra no Oceano com 40 léguas de boca; e é tanto o ímpeto de água doce que traz de todas as vertentes do Peru, que os navegantes primeiro no mar bebem suas águas, que vejam a terra donde este bem lhes procede. Duzentas e setenta léguas por ele acima, está edificada uma cidade povoada de castelhanos, que se chama Assunção. Até aqui se navega por ele, e ainda daí por diante muitas léguas. Neste rio pela terra dentro se vem meter outro a que chamam Paraguai, que também procede do mesmo lago como o de São Francisco que atrás fica.

Além destes rios há outros muitos, que pela costa ficam, assim grandes como pequenos, e muitas enseadas, baías, e braços de mar, de que não quis fazer menção, porque meu intento não foi senão escolher as coisas mais notáveis e principais da terra, e tratá-las aqui somente em particular, para que assim não fosse notado de prolixo e satisfizesse a todos com brevidade.

Das capitanias e povoações
de portugueses que há nesta província

TEM ESTA PROVÍNCIA, assim como vai lançada da linha Equinocial para o Sul, oito capitanias povoadas de portugueses, que contém cada uma em si pouco mais ou menos 50 léguas de costa, e demarcam-se umas das outras por uma linha lançada Leste-Oeste; e assim ficam limitadas por estes termos entre o mar Oceano, e a linha da repartição geral dos Reis de Portugal e Castela.[1] As quais capitanias el-Rei Dom João, o terceiro, desejoso de plantar nestas partes a religião cristã, ordenou em seu tempo, escolhendo para o governo de cada uma delas vassalos seus de sangue e merecimento, em que cabia esta confiança.[2] Os quais edificaram suas povoações ao longo da costa nos

---

1. Gandavo refere-se ao conhecido Tratado de Tordesilhas, assinado em 1494 por Portugal e Castela, sob intervenção do papa.
2. Com Kantarowicz aprendemos que o "corpo do Estado" é composto pela harmonia entre o monarca e seus vassalos, sendo o bem comum instaurado pela concórdia, ou responsabilidade de cada "membro" perante os demais, abaixo ou acima de si, na hierarquia. O bem comum é regulado pelo controle das paixões, prescrito, aqui, também, o uso da violência como forma de manter a tranquilidade de cada alma particular. A soberania do monarca é legítima desde que se estabeleça a absoluta submissão de todos os súditos que recebem privilégios concedidos conforme a posição natural dos membros do

lugares mais convenientes e acomodados, que lhes pareceu para a vivenda dos moradores. Todas estão já mui povoadas de gente, e nas partes mais importantes guarnecidas de muita e mui grossa artilharia que as defende e assegura dos inimigos, assim da parte do mar como da terra. Junto delas havia muitos índios quando os portugueses começaram de as povoar; mas porque os mesmos índios se levantavam contra eles e faziam-lhes muitas traições, os governadores e capitães da terra destruíram-nos pouco a pouco e mataram muitos deles; outros fugiram para o sertão, e assim ficou a terra desocupada de gentio ao longo das povoações.[3] Algumas aldeias destes índios ficaram todavia ao redor delas, que são de paz e amigos dos portugueses que habitam estas capitanias. E para que de todas no presente capítulo faça menção, não farei por ora mais que referir de caminho os nomes dos primeiros capitães que as conquistaram, e tratar precisamente das povoações, sítios, e portos onde residem os portugueses, nomeando cada uma delas em especial assim como vão do Norte para o Sul na maneira seguinte.

corpo político na hierarquia. Ver também, de João Adolfo Hansen, o segundo capítulo de *A sátira e o engenho*, "A murmuração do corpo místico" (ver bibliografia na Introdução).

3. No Quinhentos, a universalidade da religião cristã classifica os habitantes do Novo Mundo *a priori* como gentios, besta mista, indígena, bárbaros, incivis, entre outros, e legitima a guerra justa pensada teologicamente, reiterando a naturalidade do pacto de sujeição, da hierarquia e da conquista pela fé e pelas armas, como propõem Hansen e Pécora, em *A descoberta do homem e do mundo*, organizado por Adauto Novais.

DAS CAPITANIAS E POVOAÇÕES

A primeira e mais antiga se chama Tamaracá, a qual tomou este nome de uma ilha pequena, onde sua povoação está situada. Pero Lopez de Sousa foi o primeiro que a conquistou e livrou dos franceses, em cujo poder estava quando a foi povoar; esta ilha em que os moradores habitam divide da terra firme um braço de mar que a rodeia, onde também se ajuntam alguns rios que vêm do sertão. E assim ficam duas barras lançadas cada uma para sua banda, e a ilha em meio; por uma das quais entram navios grossos e de toda sorte, e vão ancorar junto da povoação que está daí meia légua pouco mais ou menos. Também pela outra que fica da banda do Norte se servem algumas embarcações pequenas, a qual por causa de ser baixa não sofre outras maiores. Desta ilha para o Norte, tem esta capitania terras mui largas e viçosas, nas quais hoje em dia estiveram feitas grossas fazendas, e os moradores foram em muito mais crescimento, e floresceram tanto em prosperidade como em cada uma das outras, se o mesmo capitão Pero Lopez residira nela mais alguns anos, e não a desamparara no tempo que a começou de povoar.[4]

A segunda capitania que adiante se segue se chama Pernambuco; a qual conquistou Duarte Coelho, e edificou sua principal povoação em um alto à vista do mar, que está cinco léguas desta ilha de Tamaracá em altura de oito

---

[4]. As imagens dos domínios eram compostas de modo a louvar a cidade, enaltecendo os domínios do monarca por meio da descrição da posição da cidade e sua relação com o céu, mar, montes etc., exemplificando cada um destes tópicos de acordo com a utilidade, para que o discurso fique claro e de fácil entendimento para o leitor.

graus.[5] Chama-se Olinda, é uma das mais nobres e populosas vilas que há nestas partes. Cinco léguas pela terra dentro está outra povoação chamada Igaroçu, que por outro nome se diz, a vila dos Cosmos. E além dos moradores que habitam estas vilas há outros muitos que pelos engenhos e fazendas estão espalhados, assim nesta como nas outras capitanias de que a terra comarcã toda está povoada. Esta é uma das melhores terras, e que mais tem realçado os moradores que todas as capitanias desta província; os quais foram sempre mui favorecidos e ajudados dos índios da terra, de que alcançaram muitos infinitos escravos com que granjeiam[6] suas fazendas. E a causa principal de ela ir sempre tanto avante no crescimento da gente foi por residir continuamente nela o mesmo capitão que a conquistou, e ser mais frequentada de navios deste Reino por estar mais perto dele que cada uma das outras que adiante se seguem. Uma légua da povoação de Olinda para o Sul está um arrecife ou baixo de pedras, que é o

---

5. Gandavo principia a descrição da capitania de Pernambuco indicando o fundador da cidade e a posição geográfica, procedimentos prescritos no *Rhetor* de Menandro, que indica que deve ser louvado o fundador, sua origem, sua posição em relação à terra etc. Se a origem da fundação da cidade for de uma causa colonizadora, deve-se louvar a grande e famosa cidade dos que estabeleceram a nova ou então o modo grandioso pelo qual a cidade foi construída, num espírito de amizade, não como efeito de uma revolução ou guerra. O louvor da cidade servia ainda para evidenciar os seus atributos: conhecimento astrológico, sistema político, artes, habilidades e ações.

6. Tiram os proveitos, lucros.

porto onde entram as embarcações. Tem a serventia pela praia, e também por um rio pequeno que passa por junto da mesma povoação.

A terceira capitania que adiante se segue é a da Bahia de todos os Santos, terra del-Rei nosso senhor; na qual residem o governador e bispo, e ouvidor geral de toda a costa. O primeiro capitão que a conquistou e que a começou de povoar foi Francisco Pereira Coutinho; ao qual desbarataram os índios, com a força da muita guerra que lhe fizeram, a cujo ímpeto não pôde resistir, pela multidão dos inimigos que então se conjuraram por todas aquelas partes contra os portugueses. Depois disto, tornou a ser restituída e outra vez povoada por Tomé de Sousa, o primeiro governador-geral que foi a estas partes. E daqui por diante foram sempre os moradores multiplicando com muito acrescentamento de suas fazendas. E assim uma das capitanias que agora está mais povoada de portugueses de quantas há nesta província, é esta da Bahia de todos os Santos. Tem três povoações mui nobres e de muitos vizinhos,[7] as quais estão distantes das de Pernambuco cem léguas, em altura de treze graus. A principal, onde residem os do governo da terra e a mais da gente nobre, é a cidade do Salvador. Outra está junto da barra, a qual chamam Vila Velha, que foi a primeira povoação que houve nesta capitania. Depois Tomé de Sousa sendo governador edificou a cidade do Salvador mais adiante meia légua, por ser lugar mais decente e proveitoso para os

---

7. Moradores.

moradores da terra. Quatro léguas pela terra dentro está outra que se chama Paripe que também tem jurisdição sobre si como cada uma das outras. Todas estas povoações estão situadas ao longo de uma baía mui grande e formosa, onde podem entrar seguramente quaisquer naus por grandes que sejam; a qual é três léguas de largo, e navega-se quinze por ela dentro. Tem dentro em si muitas ilhas de terras mui singulares. Divide-se em muitas partes, e tem muitos braços e enseadas por onde os moradores se servem em barcos para suas fazendas.[8]

A quarta capitania, que é a dos Ilhéus, se deu a Jorge de Figueiredo Correa, fidalgo da casa del-Rei nosso senhor; e por seu mandado a foi povoar um João D'Almeida o qual edificou sua povoação trinta léguas da Bahia de todos os Santos, em altura de quatorze graus e dois terços. Esta povoação é uma vila mui formosa e de muitos vizinhos, a qual está em cima de uma ladeira à vista do mar, situada ao longo de um rio onde entram os navios. Este rio também se divide pela terra dentro em muitas partes junto do qual têm os moradores da terra toda a granjeria de suas fazendas; para as quais se servem por ele em barcos e almadias como os da Bahia de todos os Santos.

---

8. Para compor a descrição dos lugares, o historiador faz uso da *ekphrasis*, empregando a figura "topografia", que se vincula à noção de lugar, região e países particulares. O historiador descreve as regiões *como uma pintura* de toda a terra com suas partes, demarcações etc., empregando-as nos acidentes e qualidades da terra, como o número de habitantes, quantidade de casas etc.

A quinta capitania, a que chamam Porto Seguro, conquistou Pero do Campo Tourinho. Tem duas povoações que estão distantes da dos Ilhéus trinta léguas em altura de 16 graus e meio; entre as quais se mete um rio que faz um arrecife na boca como enseada, onde os navios entram. A principal povoação está situada em dois lugares, convém a saber, parte dela em um teso[9] soberbo que fica sobre o rolo[10] do mar, da banda do Norte, e parte em uma várzea que fica pegada com o rio. A outra povoação, a que chamam Santo Amaro, está uma légua deste rio para o Sul. Duas léguas deste mesmo arrecife, para o Norte está outro, que é o porto, onde entrou a frota quando esta província se descobriu. E porque então lhe foi posto este nome de Porto Seguro, como atrás deixo declarado, ficou daí a capitania com o mesmo nome; e por isso se diz Porto Seguro.

A sexta capitania é a do Espírito Santo, a qual conquistou Vasco Fernandes Coutinho. Sua povoação está situada em uma ilha pequena, que fica distante das povoações de Porto Seguro 60 léguas em altura de vinte graus. Esta ilha jaz dentro de um rio mui grande, de cuja barra dista uma légua pelo sertão dentro; no qual se mata infinito peixe, e pelo conseguinte na terra infinita caça, de que os moradores continuamente são mui abastados. E assim é

---

9. Um lugar alto, no campo ou junto ao mar.
10. Luta das ondas, área que os navegantes chamam "língua de água".

esta a mais fértil capitania e melhor provida de todos os mantimentos da terra que outra alguma que haja na costa.

A sétima capitania é a do Rio de Janeiro; a qual conquistou Mem de Sá, e à força de armas, oferecido a mui perigosos combates a livrou dos franceses que a ocupavam, sendo governador-geral destas partes.

Tem uma povoação a que chamam São Sebastião, cidade mui nobre e povoada de muitos vizinhos, a qual está distante da do Espírito Santo 75 léguas em altura de 23 graus. Esta povoação está junto da barra, edificada ao longo de um braço de mar; o qual entra sete léguas pela terra dentro, e tem cinco de travessa na parte mais larga, e na boca onde é mais estreito haverá um terço de légua. No meio desta barra está uma laje que tem 56 braças de comprido, e 26 de largo; na qual se pode fazer uma fortaleza para defensão da terra se cumprir. Esta é uma das mais seguras e melhores barras que há nestas partes, pela qual podem quaisquer naus entrar e sair a todo tempo sem temor de nenhum perigo. E assim as terras que há nesta capitania também são as melhores e mais aparelhadas para enriquecerem os moradores de todas quantas há nesta província; e os que lá forem viver com esta esperança não creio que se acharão enganados.

A última capitania é a de São Vicente, a qual conquistou Martim Afonso de Sousa. Tem quatro povoações. Duas delas estão situadas em uma ilha que divide um braço de mar da terra firme à maneira de rio. Estão estas povoações distantes do Rio de Janeiro 45 léguas, em altura de 24 graus. Este braço de mar que cerca esta ilha tem duas barras cada uma para sua parte. Uma delas é baixa, e não muito grande, por onde não podem entrar senão embarcações pequenas; ao longo da qual está edificada a mais antiga povoação de todas, a que chamam São Vicente. Uma légua e meia da outra barra (que é a principal por onde entram os navios grossos, e embarcações de toda maneira que vêm a esta capitania) está a outra povoação chamada Santos, onde, por respeito destas escalas, reside o capitão, ou seu lugar-tenente com os oficiais do conselho e governo da terra. Cinco léguas para o Sul, há outra povoação a que chamam Itanhaém. Outra está doze léguas pela terra dentro chamada São Paulo, que edificaram os padres da Companhia, onde há muitos vizinhos, e a maior parte deles são nascidos das índias naturais da terra, e filhos de portugueses. Também está outra ilha a par desta da banda do Norte, a qual divide da terra firme outro braço de mar que se vem ajuntar com este; em cuja barra estão feitas duas fortalezas, cada uma de sua banda que defendem esta capitania dos índios e corsários do mar com artilharia de que estão mui bem apercebidas. Por esta barra se serviam antigamente, que é o lugar por onde costumavam os inimigos de fazer muito dano aos moradores.

Outras muitas povoações há por todas estas capitanias, além destas de que tratei, onde residem muitos portugueses; das quais não quis aqui fazer menção, por não ser meu intento dar notícia senão daquelas mais assinaladas, que são as que têm oficiais de justiça, e jurisdição sobre si como qualquer vila ou cidade destes reinos.

Da governança
que os moradores destas capitanias tem nestas partes, e a maneira de como se hão em seu modo de viver

DEPOIS QUE ESTA província Santa Cruz se começou de povoar de portugueses, sempre esteve instituída em uma governança, na qual assistia governador-geral por el-Rei nosso senhor com alçada sobre os outros capitães que residem em cada capitania. Mas porque de umas a outras há muita distância, e a gente vai em muito crescimento, repartiu-se agora em duas governações, convém a saber, da capitania de Porto Seguro para o Norte fica uma, e da do Espírito Santo para o Sul fica outra; e em cada uma delas assiste seu governador com a mesma alçada. O da banda do Norte reside na Bahia de todos os Santos, e o da banda do Sul no Rio de Janeiro. E assim fica cada um em meio de suas jurisdições, para desta maneira poderem os moradores da terra ser melhor governados e à custa de menos trabalho. E vindo ao que toca ao governo de vida e sustentação destes moradores, quanto às casas em que vivem, de cada vez se vão fazendo mais custosas e de melhores edifícios; porque em princípio não havia outras na terra senão de taipa e térreas, cobertas somente com palma. E agora há já muitas sobradadas e de pedra e cal, telhas e forradas como as deste reino, das quais há ruas mui compridas e formosas nas mais das povoações de que fiz menção. E assim antes de muito tempo (segundo a gente vai crescendo) se espera que haja outros muitos edifícios e templos mui suntuosos com que de todo se acabe nesta parte a terra de enobrecer.[1] Os mais dos moradores que por estas capitanias estão espalhados, ou quase todos, têm suas terras de sesmaria dadas e repartidas pelos capitães e governadores da terra. E a primeira coisa que pretendem adquirir são escravos para nelas lhes fazerem suas fazendas; e se uma pessoa chega na terra a alcançar dois pares, ou meia dúzia deles (ainda que outra coisa não tenha de seu) logo tem remédio para poder honradamente sustentar sua família; porque um lhe pesca e outro lhe caça, os outros lhe cultivam e granjeiam suas

1. Como referido em nota à capitania de Pernambuco, no capítulo anterior, Gandavo, ao descrever as casas de taipa e o aprimoramento da técnica por meio do uso de pedra e cal, louva esta parte do Império aproximando-o dos atributos arquitetônicos da corte. Para exemplificar um dos usos da técnica arquitetônica em Portugal no XVI temos notícia do tratado *Estudos sobre embadometria, estereometria e as ordens de arquitetura* de Filippo Terzi. Sabe-se, por exemplo, que o templo do Convento de São Francisco, concluso em 1680, foi construído na cidade de São Salvador segundo estes preceitos, emulados provavelmente dos tratados de Alberti. Este, por sua vez, segue os preceitos de Vitrúvio no *De architectura*.

roças, e desta maneira não fazem os homens despesa em mantimentos com seus escravos, nem com suas pessoas. Pois daqui se pode inferir quanto mais serão acrescentadas as fazendas daqueles que tiverem duzentos, trezentos escravos, como há muitos moradores na terra que não têm menos desta quantia e daí para cima. Estes moradores todos pela maior parte se tratam muito bem, e folgam de ajudar uns aos outros com seus escravos e favorecem muito os pobres que começam a viver na terra. Isto geralmente se costuma nestas partes, e fazem outras muitas obras pias, por onde todos tem remédio de vida e nenhum pobre anda pelas portas a mendigar como nestes Reinos.

Das plantas
mantimentos e frutas que há nesta província

São tantas e tão diversas as plantas, frutas, e ervas que há nesta província, de que se podiam notar muitas particularidades, que seria coisa infinita escrevê-las aqui todas e dar notícia dos efeitos de cada uma miudamente. E por isso não farei agora menção, senão de algumas em particular, principalmente daquelas, de cuja virtude e fruto participam os portugueses.[1] Primeiramente tratarei da planta e raiz de que os moradores fazem seus mantimen-

---

1. Louvando primeiro a enorme variedade de espécies, o historiador escolhe algumas em particular, enumerando seu sabor, fragrância e beleza, como indica Plínio, o Velho, no livro XXII de sua *História Natural*. Para compor a descrição das frutas nativas da região o historiador faz uso da *ekphrasis*, que é um termo retórico utilizado para designar a descrição regulamentada de lugares, personagens ou de um verossímil análogo de objetos que se assemelham à expectativa que o público ou leitor têm sobre aquele objeto. A ecfrase geralmente é referida como uma pintura vívida (*enargeia*). Embora seja comumente relacionada à pintura, a ecfrase pode estar relacionada a qualquer cena ou imagem demonstrada vividamente através de procedimentos retóricos, por meio de uma descrição amplificada das matérias propostas pelos discursos.

tos que lá comem em lugar de pão. A raiz se chama mandioca, e a planta de que se gera é da altura de um homem pouco mais ou menos. Esta planta não é muito grossa, e tem muitos nós; quando a querem plantar em alguma roça, cortam-na e fazem-na em pedaços, os quais metem debaixo da terra, depois de cultivada como estacas, e daí tornam arrebentar outras plantas de novo; e cada estaca destas cria três ou quatro raízes e daí para cima (segundo a virtude da terra em que se planta) as quais põem nove ou dez meses em que se cria; salvo em São Vicente que põem três anos por causa da terra ser mais fria. Estas raízes a cabo deste tempo se fazem mui grandes à maneira de inhames de São Tomé, ainda que as mais delas são compridas, e revoltas da feição de corno de boi. E depois de criadas desta maneira, se logo as não querem arrancar para comer, cortam-lhe a planta pelo pé, e assim estão estas raízes cinco, seis meses debaixo da terra em sua perfeição sem se danarem; e em São Vicente se conservam vinte, trinta anos da mesma maneira. E tanto que as arrancam, põem-nas a curtir em água três, quatro dias, e depois de curtidas pisam-nas muito bem. Feito isto metem aquela massa em umas mangas compridas e estreitas que fazem de umas vergas delgadas, tecidas à maneira de cesto: e ali a espremem daquele sumo, de maneira que não fique dele nenhuma coisa por esgotar; porque é tão peçonhento e em tanto extremo venenoso, que se uma pessoa, ou qualquer outro animal o beber, logo naquele instante morrerá. E depois de assim a terem curada desta maneira põem um alguidar sobre o fogo em que a lançam, a qual está mexendo uma índia até que o mesmo fogo lhe acabe de gastar aquela umidade e fique enxuta e disposta para se poder comer, que será por espaço de meia hora pouco mais ou menos. Este é o mantimento a que chamam farinha de pau, com que os moradores e gentio desta província se mantêm. Há todavia farinha de duas maneiras; uma se chama de guerra, e outra fresca. A de guerra se faz desta mesma raiz, e depois de feita fica muito seca, e torrada de maneira que dura mais de um ano sem se danar. A fresca é mais mimosa e de melhor gosto; mas não dura mais que dois ou três dias e como passa deles, logo se corrompe. Desta mesma mandioca, fazem outra maneira de mantimentos que se chamam beijus, os quais são de feição de obreias, mas mais grossos e alvos, em alguns deles estendidos da feição de filhos. Destes usam muito os moradores da terra (principalmente os da Bahia de todos os Santos) porque são mais saborosos e de melhor digestão que a farinha.

Também há outra casta de mandioca que tem diferente propriedade desta, a que por outro nome chamam aipim, da qual fazem uns bolos em algumas capitanias, que parecem no sabor que excedem a pão fresco deste reino. O sumo desta raiz não é peçonhento, como o que sai da outra, nem faz mal a nenhuma coisa ainda que se beba. Também se come a mesma raiz assada como batata ou inhame; porque de toda maneira se acha nela muito gosto. Além deste mantimento, há na terra muito milho zaburro de que se faz pão muito alvo, e muito arroz, e muitas favas de diferentes castas, e outros muitos legumes que abastam muito a terra.

Uma planta se dá também nesta província, que foi da ilha de São Tomé, com a fruta da qual se ajudam muitas pessoas a sustentar na terra. Esta planta é muito tenra e não muito alta, não tem ramos senão umas folhas que serão seis ou sete palmos de comprido. A fruta dela se chama bananas; parecem-se na feição com pepinos, e criam-se em cachos; alguns deles há tão grandes que tem de 150 bananas para cima. E muitas vezes é tamanho o peso delas, que acontece quebrar a planta pelo meio. Como são de vez colhem estes cachos, e dali a alguns dias amadurecem. Depois de colhidos, cortam esta planta, porque não frutifica mais que a primeira vez; mas tornam logo a nascer dela uns filhos que brotam do mesmo pé, de que se fazem outros semelhantes. Esta fruta é mui saborosa, e das boas que há na terra; tem uma pele como de figo (ainda mais dura) a qual lhe lançam fora quando a querem comer; mas faz dano à saúde e causa febre a quem se desmanda nela.

Umas árvores também nestas partes mui altas a que chamam sapucaias; nas quais se criam uns vasos tamanhos como grandes cocos, quase da feição de jarras da Índia. Estes vasos são mui duros em grã maneira, e estão cheios de umas castanhas muito doces e saborosas em extremo;

e têm as bocas para baixo cobertas com umas çapadoiras,[2] que parece realmente não serem assim criadas da natureza, senão feitas por artifício de indústria humana. E tanto que as tais castanhas são maduras, caem estas çapadoiras, e dali começam as mesmas castanhas também a cair pouco a pouco até não ficar nenhuma dentro dos vasos.

Outra fruta há nesta terra muito melhor, e mais prezada dos moradores de todas, que se cria em uma planta humilde junto do chão; a qual planta tem umas pencas como de erva babosa. A esta fruta chamam ananases e nascem como alcachofras, os quais parecem naturalmente pinhas, e são do mesmo tamanho e alguns maiores. Depois que são maduros, tem um cheiro mui suave, e comem-se aparados feitos em talhadas. São tão saborosos, que a juízo de todos, não há fruta neste reino que no gosto

---

2. Por *Çapadoira*, como está na edição de 1576, entenda-se *tampa*, *tapadeira* ou *sapata*; equivale, portanto, a *tapadoiras* ou *tapadouras*. Nesta última forma a transcrição de Bluteau, no século XVIII, moderniza o termo empregado por Gandavo, dois séculos e meio antes. O verbete *Zabucaes* (sapucaia), no Bluteau, é uma transcrição do texto de Gandavo, com alguns cortes e uma variante significativa. Apesar de citado pela abreviatura *Histor. do Brasil.* a numeração de página corresponde à edição da *História da província Santa Cruz*, de 1576. É digno de nota que este livro, provavelmente recolhido pela Coroa, seja citado pela autoridade de Bluteau, uma das raras exceções desde sua desaparição. Isso talvez revele que no início do século XVIII, em Portugal, o infortúnio da fama do nome de Pero de Magalhães de Gandavo não vetasse a sua leitura, na Academia Real de História Portuguesa, esse rico aparato letrado de *(re)invenção* da história portuguesa sob os auspícios de Dom João V.

lhes faça vantagem. E assim fazem os moradores por eles mais, e os têm em maior estima, que outro nenhum pomo que haja na terra.

Há outra fruta que nasce pelo mato em umas árvores tamanhas como pereiras, ou macieiras; a qual é da feição de peros repinaldos, e muito amarela. A esta fruta chamam cajus; tem muito sumo, e come-se pela calma para refrescar, porque é ela de sua natureza muito fria, e de maravilha faz mal, ainda que se desmandem nela. Na ponta de cada pomo destes se cria um caroço tamanho como castanha da feição de fava; o qual nasce primeiro, e vem diante da mesma fruta como flor. A casca dele é muito amargosa em extremo, e o miolo assado é muito quente de sua propriedade, e mais gostoso que amêndoa.

Outras muitas frutas há nesta província de diversas qualidades comuns a todos, e são tantas, que já se acharam pela terra dentro algumas pessoas, as quais se sustentaram com elas muitos dias sem outro mantimento algum. Estas que aqui escrevo são as que os portugueses têm entre si em mais estima, e as melhores da terra. Algumas deste reino se dão também nestas partes, convém a saber, muitos melões, pepinos, romãs, e figos de muitas castas; muitas parreiras que dão uvas duas, três vezes no ano, e de toda outra fruta da terra há sempre a mesma abundância, por causa de não haver lá (como digo) frios, que lhes façam nenhum prejuízo. De cidras, limões e laranjas há muita infinidade, porque se dão muito na terra estas árvores de espinho e multiplicam mais que as outras.

DAS PLANTAS, MANTIMENTOS E FRUTAS

Além das plantas que produzem de si estas frutas, e mantimentos que na terra se comem; há outras de que os moradores fazem suas fazendas, convém a saber, muitas canas-de-açúcar e algodoais, que é a principal fazenda que há nestas partes, de que todos se ajudam e fazem muito proveito em cada uma destas capitanias, especialmente na de Pernambuco, que são feitos perto de trinta engenhos, e na da Bahia do Salvador quase outros tantos, donde se tira cada um ano grande quantidade de açúcares, e se dá infinito algodão, e mais sem comparação que em nenhuma das outras. Também há muito pau-brasil nestas capitanias de que os mesmos moradores alcançam grande proveito; o qual pau se mostra claro ser produzido da quentura do sol, e criado com a influência de seus raios, porque não se acha senão debaixo da Tórrida zona; e assim quanto mais perto está da linha Equinocial, tanto é mais fino e de melhor tinta. E esta é a causa por que não há na capitania de São Vicente, nem daí para o Sul.

Um certo gênero de árvores há também pelo mato dentro na capitania de Pernambuco a que chamam copaíbas de que se tira bálsamo mui salutífero e proveitoso em extremo para enfermidades de muitas maneiras, principalmente nas que procedem de frialdade, causa grandes efeitos e tira todas as dores por graves que sejam em muito breve espaço. Para ferida ou quaisquer outras chagas, tem a mesma virtude; as quais tanto que com ele lhe acodem, saram mui depressa, e tira os sinais de maneira, que de maravilha se enxerga onde estiveram, e nisto faz vantagem a todas as outras medicinas. Este óleo não se acha todo ano perfeitamente nestas árvores, nem procuram ir buscá-lo, senão no estio, que é o tempo em que assinaladamente o criam. E quando querem tirá-lo, dão certos golpes ou furos no tronco delas, pelos quais pouco a pouco estão estilando do âmago este licor precioso. Porém não se acha em todas estas árvores, senão em algumas a que por este respeito dão o nome de fêmeas; e as outras que carecem dele chamam machos, e nisto somente se conhece a diferença destes dois gêneros; que na proporção e semelhança não diferem nada umas das outras. As mais delas se acham roçadas dos animais que por infinito natural quando se sentem feridos, ou mordidos de alguma fera, as vão buscar para remédio de suas enfermidades.

Outras árvores diferentes destas há na capitania dos Ilhéus, e na do Espírito Santo a que chamam caboraíbas, de que também se tira outro bálsamo; o qual sai da casca da mesma árvore, e cheira suavissimamente. Também aproveita para as mesmas enfermidades, e aqueles que o alcançam têm-no em grande estima e vendem-no por muito preço; porque além de as tais árvores serem poucas, correm muito risco as pessoas que o vão buscar por causa dos inimigos que andam sempre naquela parte emboscados pelo mato, e não perdoam a quantos acham.

Também há uma certa árvore na capitania de São Vicente que se diz pela língua dos índios *obirá paramaçaci*, que quer dizer pau para enfermidades; com o leite da qual, somente com três gotas, purga uma pessoa por baixo e por cima grandemente. E se tomar quantidade de uma casca de noz, morrerá sem nenhuma remissão.

De outras plantas e ervas que não dão fruto, nem se sabe o para que prestam, se podia escrever muitas coisas de que aqui não faço menção, porque meu intento não foi senão dar notícia (como já disse) destas de cujo fruto se aproveitam os moradores da terra. Somente tratarei de uma mui notável, cuja qualidade sabida creio que em toda parte causará grande espanto. Chama-se erva viva, e tem alguma semelhança de silvão macho. Quando alguém lhe toca com as mãos, ou com qualquer outra coisa que seja, naquele momento se encolhe e murcha de maneira que parece criatura sensitiva que se anoja e recebe escândalo com aquele tocamento. E depois que assossega como coisa já esquecida deste agravo torna logo pouco a pouco a estender-se, até ficar outra vez tão robusta e verde como dantes. Esta planta deve ter alguma virtude mui grande a nós encoberta, cujo efeito não será pela ventura de menos admiração. Porque sabemos de todas as ervas que Deus criou ter cada uma particular virtude com que fizessem diversas operações naquelas coisas para cuja utilidade foram criadas; quanto mais esta a que a natureza nisto tanto quis assinalar, dando-lhe um tão estranho ser, e diferente de todas as outras.

Dos animais e bichos venenosos
*que há nesta província**

COMO ESTA PROVÍNCIA seja tão grande, e a maior parte dela inabitada e cheia de altíssimos arvoredos e espessos matos, não é de espantar que haja nela muita diversidade de animais, e bichos mui feros e venenosos; pois cá entre nós, com ser a terra já tão cultivada e possuída de tanta gente, ainda se criam em brenhas cobras mui grandes de que se contam coisas mui notáveis, e outros bichos e animais mui danosos, esparzidos por charnecas e matos, a que os homens com serem tantos e matarem sempre neles, não podem acabar de dar fim como sabemos. Quanto mais nesta província, onde os climas e qualidades dos ares terrestres não são menos dispostos para os gerarem, do que a terra em si, pelos muitos matos que digo, acomodada para os criar. Porém de quanta imundícia e variedade de animais por ela espalhou a natureza, não havia lá nenhuns domésticos, quando começaram os portugueses de a povoar. Mas depois que a terra foi deles conhecida, e vieram a entender o proveito da criação que nesta parte podiam

---

*. O capítulo segue, ainda, a emulação de Plínio, o Velho, *Historia Naturalia*, livro VIII.

alcançar, começaram-lhe a levar da ilha do Cabo Verde cavalos e éguas, de que agora há já grande criação em todas as capitanias desta província. E assim há também grande cópia de gado que da mesma ilha foi levado a estas partes, principalmente do *vacum* há muita abundância; o qual, pelos pastos serem muitos, vai sempre em grande crescimento. Os outros animais que na terra se acharam, todos são bravos de natureza, e alguns estranhos nunca vistos em outras partes; dos quais darei aqui logo notícia começando primeiramente por aqueles que na terra se comem, de cuja carne os moradores são mui abastados em todas as capitanias.

Há muitos veados, e muita soma de porcos de diversas castas, convém a saber, há monteses como os desta terra; e outros mais pequenos que têm o umbigo nas costas, de que se mata na terra grande quantidade. E outros que comem e criam em terra, e andam debaixo d'água o tempo que querem; aos quais, como corram pouco por causa de terem os pés compridos, e as mãos curtas, proveu a natureza de maneira que pudessem conservar a vida debaixo da mesma água, aonde logo se lançam de mergulho, tanto que vem gente, ou qualquer outra coisa de que se temam. E assim a carne destes como a dos outros é muito saborosa e tão sadia que se manda dar aos enfermos porque para qualquer doença é proveitosa e não faz mal a nenhuma pessoa.

Também há uns animais na terra, a que chamam antas, que são de feição de mulas, mas não tão grandes, e têm o focinho mais delgado e um beiço comprido à maneira de tromba. As orelhas são redondas e o rabo não muito comprido; e são cinzentas pelo corpo, e brancas pela barriga. Estas antas não saem a pascer senão de noite, e tanto que amanhece, metem-se em alguns brejos, ou na parte mais secreta que acham, e ali estão o dia todo, escondidas como aves noturnas a que a luz do dia é odiosa, até que, anoitecendo, tornam outra vez a sair e a pascer por onde querem como é seu costume. A carne destes animais tem o sabor como de vaca, da qual parece que se não diferencia coisa alguma.

Outros animais há que chamam cotias, que são do tamanho de lebres; e quase tem a mesma semelhança, e sabor. Estas cotias são ruivas, e têm as orelhas pequenas, e o rabo tão curto que quase se não enxerga.

Há também outros maiores, a que chamam pacas, que têm o focinho redondo, e quase da feição de gato, e o rabo como o da cotia. São pardas e malhadas de pintas brancas por todo o corpo. Quando querem guisá-las para comer, pelam-nas como leitão, e não as esfolam, porque têm um couro muito tenro e saboroso, e a carne também é muito gostosa, e das melhores que há na terra.

Outros há também nestas partes muito para notar, e mais fora da comum semelhança dos outros animais (a meu juízo) que quantos até agora se tem visto. Chamam-lhes tatus, e são quase tamanhos como leitões; têm um casco como de cágado, o qual é repartido em muitas juntas como lâminas e proporcionado de maneira que parece totalmente um cavalo armado. Tem um rabo comprido todo coberto do mesmo casco; o focinho é como de leitão, ainda que mais delgado algum tanto, e não bota mais fora do casco que a cabeça. Tem as pernas baixas, e criam-se em covas como coelhos. A carne destes animais é a melhor e a mais estimada que há nesta terra, e tem o sabor quase como de galinha.

Há também coelhos como os de cá da nossa pátria de cujo parecer não diferem coisa alguma.

Finalmente que desta e de toda a mais caça de que acima tratei, participam (como digo) todos os moradores, e mata-se muita dela à custa de pouco trabalho em toda a parte que querem; porque não há lá impedimento de coutadas[1] como nestes reinos, e um só índio basta (se é bom caçador) a sustentar uma casa de carne do mato; ao qual não escapa um dia por outro, que não mate porco ou veado, ou qualquer outro animal destes de que fiz menção.

Outros animais há nesta província mui feros, e prejudiciais a toda esta caça, e ao gado dos moradores; aos quais chamam tigres, ainda que na terra a mais da gente os nomeia por onças; mas algumas pessoas que os conhecem e os viram em outras partes, afirmam que são tigres.

---

1. Lugar murado, em que se criam animais para a caça. Viveiro. No século XVIII, Bluteau indica que são também conhecidos como espaço da terra em que é proibido caçar sem licença do príncipe, mesmo que não estejam muradas por serem de muitos donos e de muitas léguas.

Estes animais parecem-se naturalmente com gatos, e não diferem deles em outra coisa; salvo na grandeza do corpo, porque alguns são tamanhos como bezerros, e outros mais pequenos. Têm o cabelo dividido em várias e distintas cores, convém a saber, em pintas brancas, pardas, e pretas. Como se acham famintos, entram nos currais do gado, e matam muitas vitelas e novilhos que vão comer ao mato, e o mesmo fazem a todo animal que podem alcançar. E pelo conseguinte, quando se veem perseguidos da fome, também cometem aos homens; e nesta parte são tão ousados, que já aconteceu trepar-se um índio a uma árvore por se livrar de um destes animais, que o ia seguindo, e pôr-se o mesmo tigre ao pé da árvore, não bastando a espantá-lo alguma gente que acudiu da povoação aos gritos do índio, antes a todos os medos, se deixou estar muito seguro guardando sua presa, até que sendo noite se tornaram outra vez, sem ousarem de lhe fazer nenhuma ofensa, dizendo ao índio que se deixasse estar, que ele se enfadaria de o esperar. E quando veio pela manhã (ou porque o índio se quis descer parecendo-lhe que o tigre era já ido, ou por acertar de cair por algum desastre, ou pela via que fosse) não se achou aí mais dele que os ossos. Porém, pelo contrário, quando estão fartos, são mui covardes, e tão pusilânimes, que qualquer cão que remete a eles basta a fazê-los fugir; e algumas vezes acossados do medo, se trepam a uma árvore e ali se deixam matar às flechadas sem nenhuma resistência. Enfim que a fartura supérflua não somente apaga a prudência, a fortaleza do ânimo, e a viveza do engenho ao homem; mas ainda aos brutos animais inabilita e faz incapazes de usarem de suas forças naturais, posto que tenham necessidade de as exercitarem para defensão de sua vida.

Outro gênero de animais há na terra, a que chamam cerigões, que são pardos e quase tamanhos como raposas; os quais têm uma abertura na barriga ao comprido de maneira que de cada banda lhes fica um bolso, onde trazem os filhos metidos. E cada filho tem sua teta pegada na boca, da qual a não tiram nunca até que se acabam de criar. Destes animais se afirma que não concebem nem geram os filhos dentro da barriga senão naqueles bolsos, porque nunca de quantos se tomaram se achou algum prenhe. E além disto há outras conjecturas mui prováveis, por onde se tem por impossível parirem os tais filhos, como todos os outros animais (segundo ordem da natureza) parem os seus.

Um certo animal se acha também nestas partes, a que chamam preguiça (que é pouco mais, ou menos do tamanho destes), o qual tem um rosto feio, e umas unhas muito compridas quase como dedos. Tem uma gadelha grande no toutiço que lhe cobre o pescoço, e anda sempre com a barriga lançada pelo chão, sem nunca se levantar em pé como os outros animais; e assim se move com passos tão vagarosos, que ainda que ande quinze dias aturado, não vencerá distância de um tiro de pedra. O seu mantimento é folhas de árvores e em cima delas anda o mais do tempo: aonde pelo menos há mister dois dias para subir, e dois para descer. E posto que o matem com pancadas, nem que o prossigam outros animais, não se meneia uma hora mais que outra.

Outro gênero de animais há na terra a que chamam tamanduás, que serão tamanhos como carneiros; os quais são pardos, e têm um focinho muito comprido e delgado para baixo; a boca não tem rasgada como a dos outros animais, e é tão pequena, que escassamente caberão por ela dois dedos. Tem uma língua muito estreita e quase de três palmos em comprido. As fêmeas têm duas tetas no peito como de mulher, e o úbere lançado em cima do pescoço entre as pás, donde lhes desce o leite às mesmas tetas com que criam os filhos. E assim tem mais cada um deles duas unhas em cada mão tão compridas como grandes dedos, largas à maneira de escopro. Também pelo conseguinte têm um rabo mui cheio de sedas e quase tão compridas como as de um cavalo. Todos estes extremos que se acham nestes animais são necessários para conservação de sua vida; porque não comem outra coisa senão formigas. E como isto assim seja, vão-se com aquelas unhas a arranhar nos formigueiros onde as há; e tanto que as têm agravadas, lançam a língua fora, e põem-na ali naquela parte onde arranharam, a qual como se enche delas, recolhem para dentro da boca, e tantas vezes fazem isto, até que se acabam de fartar. E quando se querem agasalhar, ou esconder de alguma coisa, levantam aquele rabo, e lançam-no por cima de si, debaixo de cujas sedas ficam todos cobertos sem se enxergar deles coisa alguma.

Bugios há na terra muitos e de muitas castas como já se sabe; e por serem tão conhecidos em toda a parte, não particularizarei aqui suas propriedades tanto por extenso. Somente tratarei em breves palavras alguma coisa destes de que particularmente entre os outros se pode fazer menção.

Há uns ruivos não muito grandes que derramam de si um cheiro mui suave a toda pessoa que a eles se chega, e se os tratam com as mãos, ou se acertam de suar ficam muito mais odoríferos e alcança o cheiro a todos os circunstantes. Destes há mui poucos na terra, e não se acham senão pelo sertão dentro muito longe.

Outros há pretos maiores que estes, que tem barba como homem; os quais são tão atrevidos, que muitas vezes acontece flecharem os índios alguns, e eles tirarem as flechas do corpo com suas próprias mãos e tornarem a arremessá-las a quem lhes atirou. Estes são mui bravos de sua natureza e mais esquivos de todos quantos há nestas partes.

Há também uns pequeninos pela costa de duas castas pouco maiores que doninhas, a que comumente chamam saguis, convém a saber, há uns louros, e outros pardos. Os louros têm um cabelo muito fino, e na semelhança do vulto e feição do corpo quase se querem parecer com leão; são muito formosos, e não os há senão no Rio de Janeiro. Os pardos se acham daí para o Norte em todas as mais capitanias. Também são muito aprazíveis; mas não tão alegres à vista como estes. E assim, uns como outros, são tão mimosos e delicados de sua natureza, que como os tiram da pátria e os embarcam para este reino, tanto que chegam a outros ares mais frios, quase todos morrem no mar, e não escapa senão algum de grande maravilha.

Há também pelo mato dentro cobras mui grandes, e de muitas castas, a que os índios dão diversos nomes conforme a suas propriedades. Umas há na terra tão disformes de grandes, que engole um veado, ou qualquer outro animal semelhante, todo inteiro. E isto não é muito para espantar, pois vemos que nesta nossa pátria há hoje em dia cobras bem pequenas que engolem uma lebre ou coelho da mesma maneira, tendo um colo que à vista parece pouco mais grosso que um dedo; e quando vê a engolir estes animais, alarga-se, e dá de si de maneira que passam por ele inteiros, e assim os estão sorvendo até os acabarem de meter no bucho, como entre nós é notório. Quanto mais estas outras de que trato, que por razão de sua grandeza fica parecendo a quem as viu menos dificultoso, engolirem qualquer animal da terra por grande que seja.

Outras há de outra casta diferente, não tão grandes como estas; mas mais venenosas; as quais têm na ponta do rabo uma coisa que soa quase como cascavel, e por onde quer que vão sempre andam rugindo, e os que as ouvem têm cuidado de se guardarem delas. Além destas há outras muitas na terra doutras castas diversas (que aqui não refiro por escusar prolixidade) as quais pela maior parte são tão nocivas e peçonhentas (especialmente umas a que chamam jararacas) que se acertam de morder alguma pessoa escapa de maravilha, e o mais que dura são 24 horas.

Também há lagartos mui grandes pelas lagoas e rios de água doce, cujos testículos cheiram melhor que almíscar; e a qualquer roupa que os chegam, fica o cheiro pegado por muitos dias.

Outros muitos animais e bichos venenosos há nesta província de que não trato, os quais são tantos em tanta abundância, que seria história mui comprida nomeá-los aqui todos, e tratar particularmente da natureza de cada um, havendo (como digo) infinidade deles nestas partes; aonde pela disposição da terra e dos climas que a senhoreiam, não pode deixar de os haver. Porque como os ventos que procedem da mesma terra, se tornem infeccionados das podridões das ervas, matos e alagadiços, geram-se com a influência do sol que nisto concorre muitos e mui peçonhentos, que por toda a terra estão esparzidos; e a esta causa se criam e acham nas partes marítimas, e pelo sertão dentro infinitos da maneira que digo.

Das aves que há nesta província

ENTRE TODAS as coisas de que na presente história se pode fazer menção, a que mais aprazível e formosa se oferece à vista humana é a grande variedade das finas e alegres cores das muitas aves que nesta província se criam, as quais por serem tão diversas em tanta quantidade, não tratarei senão somente daquelas de que se pode notar alguma coisa, e que na terra são mais estimadas dos portugueses e índios que habitam estas partes. Há nesta província muitas aves de rapina mui formosas e de várias castas, convém a saber, águias, açores, e gaviões, e outras de outros gêneros diversos e cores diferentes que também têm a mesma propriedade. As águias são mui grandes e forçosas; e assim remetem com tanta fúria a qualquer ave, ou animal que querem prear, que às vezes acontece nestas partes virem algumas tão desatinadas seguindo a presa, que marram nas casas dos moradores, e ali caem à vista da gente sem mais se poderem levantar. Os índios da terra as costumam tomar em seus ninhos quando são pequenas, e criam-nas em umas sorças, para depois de grandes se aproveitarem das penas em suas galantarias acostumadas. Os açores são como os de cá, ainda que há um certo gênero deles que têm os pés todos velosos, e tão cobertos de pena que escassamente se lhes enxergam as unhas. Estes são muito ligeiros e de maravilha lhe escapa ave, ou qualquer outra caça a que remetam. Os gaviões também são mui destros e forçosos, especialmente uns pequenos como esmerilhões em sua quantidade o são tanto, que remetem a uma perdiz e a levam nas unhas para onde querem. E juntamente são tão atrevidos, que muitas vezes acontece de ferirem a qualquer ave e apanhá-la dentre a gente sem se quererem retirar nem largá-la por muito que os espantem. As outras aves que na terra se comem, e de que os moradores se aproveitam, são as seguintes.

Há um certo gênero delas, a que chamam macucaguás, que são pretas e maiores que galinhas, as quais têm três ordens de titelas, são muito gordas e tenras, e assim os moradores as têm em muita estima; porque são elas muito saborosas e mais que outras algumas que entre nós se comam.

Também há outras quase tamanhas como estas, a que chamam jacus, e nós lhe chamamos galinhas do mato. São pardas e pretas, e têm um círculo branco na cabeça e o pescoço vermelho. Matam-se na terra muitas delas, e pelo conseguinte são mui saborosas e das melhores que há no mato. Há também na terra muitas perdizes, pombas, e rolas como as deste reino, e muitos patos e adéns bravas pelas lagoas e rios desta costa. E outras muitas aves de diferentes castas, que não são menos saborosas e sadias, que as melhores que cá entre nós se comem, e se têm em mais estima.

Papagaios há nestas partes muitos de diversas castas, e mui formosos, como cá se veem alguns por experiência. Os melhores de todos, e que mais raramente se acham na terra, são uns grandes, maiores que açores, a que chamam anapurus. Estes papagaios são variados de muitas cores, e criam-se muito longe pelo sertão dentro; e depois que os tomam vem a ser tão domésticos que põem ovos em casa e acomodam-se mais à conversação da gente que outra qualquer ave que haja, por mais doméstica e mansa que seja. E por isso são tidos na terra em tanta estima, que vale cada um entre os índios dois, três escravos; e assim os portugueses que os alcançam os têm na mesma estima; porque são eles além disso muito belos, e vestidos como digo de cores mui alegres e tão finas, que excedem na formosura a todas quantas aves há nestas partes. Há outros quase do tamanho destes a que chamam canindés que são todos azuis; salvo nas asas que têm algumas penas amarelas. Também são muito formosos e estimados em grande preço de toda pessoa que os alcança. Também se acham outros do mesmo tamanho pelo sertão dentro, a que chamam araras, os quais são vermelhos, semeados de algumas penas amarelas, e têm as asas azuis e um rabo muito comprido e formoso. Os outros mais pequenos, que mais facilmente falam e melhor de todos, são aqueles a que na terra comumente chamam papagaios verdadeiros.

Os quais trazem os índios do sertão a vender aos portugueses a troco de resgates. Estes são pouco mais ou menos do tamanho de pombas, verdes claros, e têm a cabeça quase toda amarela, e os encontros das asas vermelhos. Outro gênero deles há pela costa entre os portugueses do tamanho destes, a que chamam coricas; os quais são vestidos de uma pena verde escura, e têm a cabeça azul de cor de rosmaninho. Destes papagaios há na terra mais quantidade do que cá entre nós há de gralhas, ou de estorninhos, e não são tão estimados como os outros, porque gazeiam muito, e além disso falam dificultosamente e à custa de muita indústria. Mas quando vêm a falar, passam pelos outros e fazem-lhes nesta parte muita vantagem. E por isso os índios da terra costumam depenar alguns enquanto são novos e tingi-los com o sangue de umas certas rãs, com outras misturas que lhe ajuntam; e depois que se tornam a cobrir de pena ficam nem mais nem menos da cor dos verdadeiros; e assim acontece muitas vezes enganarem com eles a algumas pessoas vendendo-lhos por tais. Há também uns pequeninos que vêm do sertão, pouco maiores que pardais, a que chamam tuins; aos quais vestiu a natureza de uma pena verde muito fina sem outra nenhuma mistura, e têm o bico e as penas brancas, e um rabo muito comprido. Estes também falam e são muito formosos e aprazíveis em extremo. Outros há pela costa tamanhos como melros, a que chamam maracanãs; os quais têm a cabeça grande e um bico muito grosso; também são verdes e falam como cada um dos outros.

DAS AVES QUE HÁ NESTA PROVÍNCIA

Algumas aves notáveis há também nestas partes afora estas que tenho referido, de que também farei menção, e em especial tratarei logo de umas marítimas a que chamam guarás; as quais serão pouco mais ou menos do tamanho de gaivotas. A primeira pena de que a natureza as veste é branca sem nenhuma mistura, e mui fina em extremo. E por espaço de dois anos pouco mais ou menos a mudam, e torna-lhes a nascer outra parda também muito fina sem outra nenhuma mistura e pelo mesmo tempo adiante a tornam a mudar, e ficam vestidas de uma muito preta distinta de toda outra cor. Depois daí a certo tempo pelo conseguinte a mudam, e tornam-se a cobrir de outra mui vermelha e tanto, como o mais fino e puro carmesim que no mundo se pode ver; e nesta acabam seus dias.

Umas certas aves se acham também na capitania de Pernambuco pela terra dentro maiores duas vezes que galos do Peru; as quais são pardas, e têm na cabeça acima do bico, um esporão muito agudo como corno, variado de branco e pardo escuro, quase do comprimento de um palmo, e três semelhantes a este em cada asa, algum tanto mais pequenos, convém a saber, uns nos encontros, outros nas juntas do meio, outros nas pontas das mesmas asas. Estas aves têm o bico como de águia, e os pés grossos e muito compridos. Nos joelhos têm uns calos tamanhos como grandes punhos. Quando pelejam com outras aves viram-se de costas, e assim se ajudam de todas estas armas que a natureza lhes deu para sua defensão.

Outras aves há também nestas partes cujo nome a todos cá é notório; as quais ainda que tenham mais ofício de animais terrestres, que de aves pela razão que logo direi, todavia por serem realmente aves de que se pode escrever, e terem a mesma semelhança, não deixarei de fazer menção delas como de cada uma das outras. Chamam-se emas, as quais terão tanta carne como um grande carneiro, e têm as pernas tão grandes que são quase até os encontros das asas da altura de um homem. O pescoço é mui comprido em extremo, e têm a cabeça nem mais nem menos como de pata; são pardas, brancas e pretas, e variadas pelo corpo de umas penas mui formosas que cá entre nós costumam servir nas gorras e chapéus de pessoas galantes e que professam a arte militar. Estas aves pascem ervas como qualquer outro animal do campo, e nunca se levantam da terra, nem voam como as outras, somente abrem as asas e com elas vão ferindo o ar ao longo da mesma terra; e assim nunca andam senão em campinas onde se achem desimpedidas de matos e arvoredos, para juntamente poderem correr e voar da maneira que digo.

De outras infinitas aves que há nestas partes, a que a natureza vestiu de muitas e mui finas cores, pudera também aqui fazer menção. Mas como meu intento principal não foi na presente história senão ser breve, e fugir de coisas em que pudesse ser notado de prolixo dos pouco curiosos (como já tenho dito), quis somente particularizar estas mais notáveis, e passar com silêncio por todas as outras, de que se deve fazer menos caso.

De alguns peixes notáveis
baleias e âmbar que há nestas partes

É TÃO GRANDE a cópia do saboroso e sadio pescado que se mata, assim no mar alto, como nos rios e baías desta província de que geralmente os moradores são participantes em todas as capitanias, que esta só fertilidade bastará a sustentá-los abundantissimamente, ainda que não houvera carnes nem outro gênero de caça na terra de que se proveram como atrás fica declarado. E deixando à parte a muita variedade daqueles peixes que comumente não diferem na semelhança dos de cá, tratarei logo em especial de um certo gênero deles que há nestas partes, a que chamam peixes-bois; os quais são tão grandes, que os maiores pesam 40, 50 arrobas. Têm o focinho como de boi, e dois cotos com que nadam à maneira de braços. As fêmeas têm duas tetas com o leite das quais se criam os filhos. O rabo é largo, rombo e não muito comprido. Não têm feição alguma de nenhum peixe, somente na pele quer-se parecer com toninha. Estes peixes pela maior parte se acham em alguns rios, ou baías desta costa, principalmente onde algum ribeiro, ou regato se mete na água salgada são mais certos; porque botam o focinho fora, e pascem as ervas que se criam em semelhantes partes, e também comem as folhas de umas árvores a que chamam mangues, de que há grande quantidade ao longo dos mesmos rios. Os moradores da terra os matam com arpões, e também em pesqueiras costumam tomar alguns, porque vêm com a enchente da maré aos tais lugares, e com a vazante se tornam a ir para o mar donde vieram. Este peixe é muito gostoso em grande maneira, e totalmente parece carne, assim na semelhança como no sabor; e assado não tem nenhuma diferença de lombo de porco. Também se coze com couves e guisa-se como carne, e assim não há pessoa que o coma, que o julgue por peixe; salvo se o conhecer primeiro.

Outros peixes há a que chamam camboropins,[1] que são quase tamanhos como atuns. Estes têm umas escamas mui duras, e maiores que os outros peixes; também se matam com arpões, e quando querem pescá-los, põem-se em alguma ponta ou pedra, ou em outro qualquer posto acomodado a esta pescaria. E o que é bom pescador (para que não faça tiro em vão), quando os vê vir, deixa os primeiros passar e espera até que fiquem a jeito que possa arpoá-los por detrás de maneira que o arpão entre no peixe sem as escamas o impedirem, porque são (como digo) tão duras que se acerta de dar nelas de maravilha as pode penetrar. Este é um dos melhores peixes que há

---

1. Provavelmente o peixe hoje conhecido pelo binômio *Tarpon atlanticus*. Ver Carlos Almaça, "Reino Animal", *Episteme*, Porto Alegre, nº 15, pp. 97–106, ago/dez 2002. [N. da E.]

nestas partes, porque além de ser muito gostoso, é também muito sadio, e mais enxuto de sua propriedade que outro algum que na terra se coma.

Também há outra casta deles a que chamam tamoatás, que são pouco mais ou menos do tamanho de sardinhas, e não se criam senão em água doce. Estes peixes são todos cobertos de umas conchas, distintas naturalmente como lâminas, com as quais andam armados da maneira dos tatus de que atrás fiz menção, e são muito saborosos e os moradores da terra os têm em muita estima.

Há também um certo gênero de peixes pequeninos, da feição de xarrocos, a que chamam baiacus, os quais são mui peçonhentos por extremo, especialmente a pele o é tanto, que se uma pessoa gostar um só bocado dela, logo naquela mesma hora dará fim a sua vida. Porque não há, nem se sabe nenhum remédio na terra, que possa apagar nem deter por algum espaço o ímpeto deste mortífero veneno. Alguns índios da terra se aventuram a comê-los depois que lhe tiram a pele, e lhe lançam fora por baixo toda aquela parte onde dizem que têm a força da peçonha. Mas sem embargo disso, não deixam de morrer algumas vezes. Estes peixes tanto que saem fora da água incham de maneira que parecem uma bexiga cheia de vento; e além de terem esta qualidade, são tão mansos que os podem tomar às mãos sem nenhum trabalho. E muitas vezes andam à borda d'água tão quietos, que não os verá pessoa que se não convide a tomá-los, e ainda a comê-los se não tiver conhecimento deles. Outros peixes não sinto nestas partes de que possa fazer aqui particular menção, porque em todos os demais não há (como digo) muita diferença dos de cá, e a maior parte deles são da mesma casta, mas muito mais saborosos, e tão sadios, que não se vedam nem fazem mal aos doentes e para quaisquer enfermidades são muito leves. E de toda maneira que os comam não ofendem à saúde. Não me pareceu também coisa fora de propósito tratar aqui alguma coisa das baleias e do âmbar[2] que dizem que procede delas. E o que acerca disto sei, que há muitas nestas partes as quais costumam vir de arribação a esta costa, em uns tempos mais que outros, que são aqueles em que assinaladamente sai o âmbar que o mar de si lança fora em diversas partes desta província. E daqui vem a muitos terem para si que não é outra coisa este âmbar, senão esterco de baleias. E assim lho chamam os índios da terra pela sua língua, sem lhe saberem dar outro nome. Outros querem dizer que é sem nenhuma falta a esperma da mesma baleia. Mas o que se tem por certo (deixando estas e outras erradas opiniões à parte) é que nasce este licor no fundo do mar, não geralmente em todo, mas em algumas partes dele, que a natureza acha disposta para o criar. E como o tal licor seja manjar das baleias, afirma-se que comem tanto dele, até se embebedarem, e que este que sai nas praias

---

2. Concreção formada no intestino dos cachalotes, evacuada regularmente, muito valiosa no passado por sua aplicação como fixador de perfumes. Ver Myriam Ellis, *A baleia no Brasil colonial*, Melhoramentos/EdUSP, São Paulo, 1969. [N. da E.]

é o sobejo que elas arrevessam.[3] E se isto assim não fora desta maneira e ele procedera das mesmas baleias por qualquer das outras vias que acima fica dito, de crer é que também o houvera da mesma maneira em qualquer outra costa destes reinos, pois em toda parte do mar são gerais. Quanto mais que nesta província de que trato se fez já experiência em muitas delas que saíram à costa, e dentro das tripas de algumas acharam muito âmbar, cuja virtude iam já digerindo, por haver algum espaço que o tinham comido. E noutras lhe acharam no bucho outro ainda fresco e em sua perfeição, que parece que o acabaram de comer naquela hora antes que morressem. Pois o esterco naquela parte onde a natureza o despede não tem nenhuma semelhança de âmbar, nem se enxerga nele ser menos digesto[4] que o dos outros animais. Por onde se mostra claro, que a primeira opinião não fica verdadeira, nem a segunda tão pouco o pode ser, porque a esperma destas baleias é aquilo a que chamam balso, de que há por esse mar grande quantidade, o qual dizem que aproveita para feridas e por tal é conhecido de toda a pessoa que navega.

Esse âmbar todo quando logo sai vem solto como sabão e quase sem nenhum cheiro. Mas daí a poucos dias se endurece, e depois disso fica tão odorífero como todos sabemos. Há todavia âmbar de duas castas; um pardo

---

3. No documento original, "arrebessam": expelir; deitar fora; regurgitar.
4. Cozido no estômago.

a que chamam gris, outro preto. O pardo é mui fino e estimado em grande preço em todas as partes do mundo. O preto é mais baixo nos quilates do cheiro, e presta para muito pouco, segundo o que dele se tem alcançado. Mas de um e de outro há saído muito nesta província, e sai hoje em dia de que alguns moradores enriqueceram e enriquecem cada hora como é notório. Finalmente que como Deus tenha de muito longe esta terra dedicada à cristandade, e o interesse seja o que mais leva os homens trás si que outra nenhuma coisa que haja na vida, parece manifesto querer entretê-los na terra com esta riqueza do mar até chegarem a descobrir aquelas grandes minas que a mesma terra promete, para que assim desta maneira tragam ainda toda aquela cega e bárbara gente que habita nestas partes ao lume e conhecimento da nossa santa fé católica, que será descobrir-lhe outras minas maiores no céu, o qual nosso Senhor permita que assim seja, para glória sua, e salvação de tantas almas.

Do monstro marinho
que se matou na capitania de São Vicente no ano de 1564

FOI COISA tão nova e tão desusada aos olhos humanos a semelhança daquele fero e espantoso monstro marinho que nesta província se matou no ano de 1564, que ainda que por muitas partes do mundo se tenha já notícia dele, não deixarei todavia de a dar aqui outra vez de novo, relatando por extenso tudo o que acerca disto passou. Porque na verdade a maior parte dos retratos, ou quase todos, em que querem mostrar a semelhança de seu horrendo aspecto, andam errados, e além disso, conta-se o sucesso de sua morte por diferentes maneiras, sendo a verdade uma só, a qual é a seguinte. Na capitania de São Vicente, sendo já alta noite a horas em que todos começavam de se entregar ao sono, acertou de sair fora de casa uma índia escrava do capitão; a qual lançando os olhos a uma várzea que está pegada com o mar, e com a povoação da mesma capitania, viu andar nela este monstro, movendo-se de uma parte para outra, com passos e meneios desusados, e dando alguns urros de quando em quando tão feios, que como pasmada e quase fora de si, se veio ao filho do mesmo capitão, cujo nome era Baltasar Ferreira, e lhe deu conta do que vira, parecendo-lhe que era alguma visão diabólica. Mas como ele fosse homem não menos sisudo que esforçado, e esta gente da terra seja digna de pouco crédito, não lho deu logo muito a suas palavras, e deixando-se estar na cama, a tornou outra vez a mandar fora dizendo-lhe que se afirmasse bem no que era. E obedecendo a índia a seu mandado foi; e tornou mais espantada, afirmando-lhe e repetindo-lhe uma vez e outra que andava ali uma coisa tão feia, que não podia ser senão o demônio. Então se levantou ele mui depressa, e lançou mão a uma espada que tinha junto de si, com a qual botou somente em camisa pela porta fora, tendo para si (quando muito) que seria algum tigre, ou outro animal da terra conhecido, com a vista do qual se desenganasse do que a índia lhe queria persuadir. E pondo os olhos naquela parte que ela lhe assinalou, viu confusamente o vulto do monstro ao longo da praia, sem poder divisar o que era, por causa da noite lho impedir e o monstro também ser coisa não vista, e fora do parecer de todos os outros animais. E chegando-se um pouco mais a ele para que melhor se pudesse ajudar da vista, foi sentido do mesmo monstro, o qual em levantando a cabeça, tanto que o viu, começou de caminhar para o mar donde viera. Nisto conheceu o mancebo que era aquilo coisa do mar, e antes que nele se metesse, acudiu com muita presteza a tomar-lhe a dianteira, e vendo o monstro que ele lhe embargava o caminho, levantou-se direito para cima como um homem, fincado sobre as barbatanas do rabo, e estando assim a par com ele, deu-lhe uma estocada pela barriga, e dando-lha no mesmo instante se desviou para uma parte com tanta velocidade, que não pôde o monstro levá-lo debaixo de si; porém não pouco afrontado, porque o grande torno de sangue que saiu da ferida, lhe deu no rosto com tanta força que quase ficou sem nenhuma vista. E tanto que o monstro se lançou em terra, deixa o caminho que levava, e assim ferido, urrando com a boca aberta sem nenhum medo, remeteu a ele. E indo para o tragar a unhas e a dentes, deu-lhe na cabeça uma cutilada mui grande, com a qual ficou já mui débil, e deixando sua vã porfia, tornou então a caminhar outra vez para o mar. Neste tempo acudiram alguns escravos aos gritos da índia que estava em vela; e chegando a ele o tomaram todos já quase morto, e dali o levaram dentro à povoação, onde esteve o dia seguinte à vista de toda gente da terra. E com este mancebo se haver mostrado neste caso tão animoso como se mostrou e ser tido na terra por muito esforçado, saiu todavia desta batalha tão sem alento, e com a visão deste medonho animal ficou tão perturbado e suspenso, que perguntando-lhe o pai que era o que lhe havia sucedido, não lhe pode responder. E assim esteve como assombrado sem falar coisa alguma por um grande espaço. O retrato deste monstro é este que no fim do presente capítulo se mostra, tirado pelo natural. Era quinze palmos de comprido e semeado de cabelos pelo corpo, e no focinho tinha umas sedas mui grandes como bigodes.

Os índios da terra lhe chamam em sua língua ipupiara,[1] que quer dizer demônio d'água. Alguns como este se viram já nestas partes, mas acham-se raramente. E assim também deve de haver outros muitos monstros de diversos pareceres, que no abismo desse largo e espantoso mar se escondem, de não menos estranheza e admiração; e tudo se pode crer por difícil que pareça; porque os segredos da natureza não foram revelados todos ao homem, para que com razão possa negar, e ter por impossível as coisas que não viu, nem de que nunca teve notícia.

---

1. Provavelmente uma otária (leão-marinho), carnívoro pinípede que não raro vinha dar na costa, desorientado por alguma corrente fria. [N. da E.]

Do gentio
que há nesta província, da condição e costumes dele, e de como se governam na paz

JÁ QUE TRATAMOS da terra, e das coisas que nela foram criadas para o homem, razão parece que demos aqui notícia dos naturais dela; a qual posto que não seja de todos em geral, será especialmente daqueles que habitam pela costa, e em partes pelo sertão dentro muitas léguas com que temos comunicação. Os quais ainda que estejam divisos, e haja entre eles diversos nomes de nações, todavia na semelhança, condição, costumes, e ritos gentílicos todos são uns. E se em alguma maneira diferem nesta parte, é tão pouco, que se não pode fazer caso disso, nem particularizar coisas semelhantes, entre outras mais notáveis, que todos geralmente seguem como logo adiante direi.

Estes índios são de cor baça e cabelo corredio; têm o rosto amassado e algumas feições dele à maneira de chins. Pela maior parte são bem dispostos, rijos e de boa estatura. Gente mui esforçada e que estima pouco morrer, temerária na guerra e de muito pouca consideração. São desagradecidos em grã maneira, e mui desumanos e cruéis, inclinados a pelejar e vingativos por extremo. Vivem todos mui descansados sem terem outros pensamentos, senão de comer, beber, e matar gente, e por isso engordam muito. Mas com qualquer desgosto pelo conseguinte tornam a emagrecer. E muitas vezes pode neles tanto a imaginação, que se algum deseja a morte, ou alguém lhes mete em cabeça que há de morrer tal dia, ou tal noite, não passa daquele termo que não morra. São mui inconstantes e mudáveis. Creem de ligeiro tudo aquilo que lhes persuadem por dificultoso e impossível que seja, e com qualquer dissuasão facilmente o tornam logo a negar. São mui desonestos e dados à sensualidade, e assim se entregam aos vícios como se neles não houvera razão de homens. Ainda que todavia em seu ajuntamento os machos com as fêmeas têm o devido resguardo, e nisto mostram ter alguma vergonha. A língua de que usam toda pela costa é uma, ainda que em certos vocábulos difere em algumas partes. Mas não de maneira que se deixem uns aos outros de entender, e isto até altura de 27 graus, que daí por diante, há outra gentilidade de que nós não temos tanta notícia, que falam já outra língua diferente. Esta de que trato que é geral pela costa, é mui branda, e a qualquer nação fácil de tomar. Alguns vocábulos há nela de que não usam senão as fêmeas, e outros que não servem senão para os machos. Carece de três letras, convém a saber, não se acha nela, *f*, nem, *l*, nem, *r*,[1] coisa digna de

---

1. Lugar-comum sobre o indígena sem Fé, Lei ou Rei, também presente na Carta de Caminha, e em outras crônicas e sermões entre

espanto, porque assim não têm Fé, nem Lei, nem Rei. E desta maneira vivem desordenadamente sem terem além disto conta, nem peso, nem medido. Não adoram a coisa alguma, nem têm para si que há depois da morte glória para os bons, e pena para os maus. E o que sentem da imortalidade d'alma não é mais que terem para si que seus defuntos andam na outra vida feridos, despedaçados, ou de qualquer maneira que acabaram nesta. E quando algum morre, costumam enterrá-lo em uma cova assentado sobre os pés com sua rede às costas que em vida lhe servia de cama. E logo pelos primeiros dias põem-lhe seus parentes de comer em cima da cova, e também alguns lho costumam a meter dentro quando o enterram, e totalmente cuidam que comem, e dormem na rede que têm consigo na mesma cova. Esta gente não tem entre si nenhum rei nem outro gênero de justiça, senão um principal em cada aldeia, que é como capitão, ao qual obedecem por vontade e não por força. Quando este morre fica seu filho no mesmo lugar por sucessão, e não serve de outra coisa senão de ir com eles à guerra e aconselhá-los como se hão de haver na peleja. Mas não castiga seus erros, nem manda sobre eles coisa alguma contra suas vontades. E assim a guerra, que agora têm uns contra outros, não se levantou na terra por serem diferentes em leis nem em costumes, nem por cobiça alguma de interesse, mas porque antigamente se algum acertava de matar outro,

tantas outras espécies de discursos, utilizada para legitimar o jugo da coroa portuguesa promovido por colonos, historiadores, jesuítas etc.

como ainda agora algumas vezes acontece (como eles sejam vingativos e vivam como digo absolutamente sem terem superior algum a que obedeçam nem temam) os parentes do morto se conjuravam contra o matador e sua geração e se perseguiam com tão mortal ódio uns a outros, que daqui veio dividirem-se em diversos bandos, e ficarem inimigos da maneira que agora estão. E porque estas dissensões não fossem tanto por diante, determinaram atalhar a isto usando do remédio seguinte, para por esta via se poderem melhor conservar na paz e se fazerem mais fortes contra seus inimigos. E é que quando o tal caso acontece de um matar a outro, os mesmos parentes do matador fazem justiça dele, e logo à vista de todos o afogam. E com isto os da parte do morto ficam satisfeitos, e uns e outros permanecem em suas amizades como dantes. Porém como esta lei seja voluntária e executada sem rigor, nem obrigação de justiça alguma, não querem alguns estar por ela, e daqui vêm logo pelo mesmo caso a dividirem-se, e levantarem-se de parte a parte uns contra os outros como já disse.

As povoações destes índios, são aldeias. Cada uma delas tem sete, oito casas, as quais são mui compridas, feitas à maneira de cordoarias ou tarracenas, fabricadas somente de madeira, e cobertas com palma ou com outras ervas do mato semelhantes. Estão todas cheias de gente de uma parte e de outra, e cada um por si tem sua estância e sua rede armada em que dorme. E assim estão uns juntos dos outros por ordem, e pelo meio da casa fica um caminho aberto por onde todos se servem como dormitório, ou coxia de galé. Em cada casa destas vivem todos muito conformes, sem haver nunca entre eles nenhumas diferenças. Antes são tão amigos uns dos outros, que o que é de um é de todos, e sempre de qualquer coisa que um coma por pequena que seja todos os circunstantes hão de participar dela.

Quando alguém os vai visitar a suas aldeias, depois que se assenta, costumam chegarem-se a ele algumas moças escabeladas, e recebem-no com grande pranto derramando muitas lágrimas, perguntando-lhe (se é seu natural) onde andou, que trabalhos foram os que passou depois que daí se foi, trazendo-lhe à memória muitos desastres que lhe puderam acontecer, buscando enfim para isto as mais tristes e sentidas palavras que podem achar, para provocarem o choro. E se é português, maldizem a pouca dita de seus defuntos pois foram tão mal afortunados que não alcançaram ver gente tão valorosa e luzida como são os portugueses, de cuja terra todas as boas coisas lhes vêm nomeando algumas que eles têm em muita estima. E este recebimento que digo é tão usado entre eles, que nunca ou de maravilha deixam de o fazer, salvo quando reinam alguma malícia contra os que vão visitar, e lhes querem fazer alguma traição.

As invenções e galantarias de que usam são trazerem alguns o beiço de baixo furado, e uma pedra comprida metida no buraco. Outros há que trazem o rosto todo cheio de buracos e de pedras, e assim parecem mui feios e disformes. E isto lhes fazem enquanto são mínimos. Também costumam todos arrancarem a barba, e não consentem nenhum cabelo em parte alguma de seu corpo, salvo na cabeça, ainda que ao redor dela por baixo tudo arrancam. As fêmeas prezam-se muito de seus cabelos, e trazem-nos mui compridos, limpos e penteados, e as mais delas, enastrados. E assim também machos como fêmeas costumam tingir-se algumas vezes com o sumo de um certo pomo que se chama jenipapo, que é verde quando se pisa, e depois que o põem no corpo e se enxuga, fica mui negro, e por muito que se lave, não se tira senão aos nove dias.

As mulheres com que costumam casar são suas sobrinhas, filhas de seus irmãos, ou irmãs. Estas têm por legítimas e verdadeiras mulheres, e não lhas podem negar seus pais, nem outra pessoa alguma pode casar com elas, senão os tios. Não fazem nenhumas cerimônias em seus casamentos, nem usam de mais neste ato, que de levar cada um sua mulher para si como chega a uma certa idade por que esperam, que serão então de 14 ou 15 anos pouco mais ou menos. Alguns deles têm três, quatro mulheres, a primeira têm em muita estima e fazem dela mais caso que das outras. E isto pela mor parte se acha nos principais, que o tem por estado e por honra, e prezam-se muito de se diferençarem nisto dos outros.

Algumas índias há também entre eles que determinam de ser castas, as quais não conhecem homem algum de nenhuma qualidade, nem o consentirão ainda que por isso as matem. Estas deixam todo o exercício de mulheres e imitam os homens e seguem seus ofícios como se não fossem fêmeas. Trazem os cabelos cortados da mesma maneira que os machos, e vão à guerra com seus arcos e flechas e à caça perseverando sempre na companhia dos homens, e cada uma tem mulher que a serve com que diz que é casada, e assim se comunicam e conversam como marido e mulher.

Todas as outras índias quando parem, a primeira coisa que fazem depois do parto, lavam-se todas em uma ribeira, e ficam também dispostas como se não pariram, e o mesmo fazem à criança que parem. Em lugar delas se deitam seus maridos nas redes, e assim os visitam e curam como se eles fossem as mesmas paridas. Isto nasce de elas terem em muita conta os pais de seus filhos e desejarem em extremo depois que parem deles de em tudo lhes comprazer.[2]

Todos criam seus filhos viciosamente sem nenhuma maneira de castigo, e mamam até idade de sete, oito anos, se as mães até então não acertam de parir outros que os tirem das vezes. Não há entre eles nenhumas boas artes a que se deem, nem se ocupam noutro exercício, senão em granjear com seus pais o que hão de comer, debaixo

---

2. Pode-se supor que as descrições dos gentios, bárbaros, indígenas são produzidas a partir de elementos reconhecíveis pelo destinatário do texto, em geral, os tidos por melhores na corte portuguesa no século XVI. Desse modo, como propõe Menandro e outros, lidos em chave cristã, louva-se o modo de estabelecer o senhorio da coroa evidenciando a barbárie dos naturais da terra que, em oposição às dignidades e aos costumes dos que conhecem a doutrina da verdadeira fé, não possuem instituições civis cristãs, e, por isso, são dignos de serem reduzidos.

de cujo amparo estão agasalhados até que cada um por si é capaz de buscar sua vida sem mais esperarem heranças deles, nem legítimas de que enriqueçam, somente lhes pagam com aquela criação em que a natureza foi universal a todos os outros animais que não participam de razão. Mas a vida que buscam, e granjearia de que todos vivem, é à custa de pouco trabalho e muito mais descansada que a nossa porque não possuem nenhuma fazenda, nem procuram adquiri-la como os outros homens, e assim vivem livres de toda cobiça e desejo desordenado de riquezas, de que as outras nações não carecem; e tanto, que ouro nem prata nem pedras preciosas tem entre eles nenhuma valia, nem para seu uso têm necessidade de nenhuma coisa destas, nem de outras semelhantes. Todos andam nus e descalços, assim machos como fêmeas, e não cobrem parte alguma de seu corpo.[3] As camas em que dormem são umas redes de fio de algodão que as índias tecem num tear feito à sua arte, as quais têm nove, dez palmos de comprido, e apanham-nas com uns cordéis que lhe rematam nos cabos em que lhes fazem umas aselhas de cada banda por onde as penduram de uma parte e de outra, e assim ficam dois palmos, pouco mais ou menos

---

3. Tópica presente na Carta de Caminha: "Ali veríeis galantes, pintados de preto e vermelho, e quartejados, assim pelos corpos como pelas pernas, que, certo, assim pareciam bem. Também andavam entre eles quatro ou cinco mulheres, novas, que assim nuas, não pareciam mal. Entre elas andava uma, com uma coxa, do joelho até o quadril e a nádega, toda tingida daquela tintura preta; e todo o resto da sua cor natural".

suspendidas do chão, de maneira que lhes possam fazer fogo debaixo para se aquentarem de noite, ou quando lhes for necessário. Os mantimentos que plantam em suas roças com que se sustentam são aqueles de que atrás fiz menção supra mandioca e milho zaburro. Além disto ajudam-se da carne de muitos animais que matam, assim com flechas como por indústria de seus laços e fojos, onde costumam caçar a mor parte deles. Também se sustentam do muito marisco e peixes que vão pescar pela costa em jangadas, que são uns três ou quatro paus pegados nos outros e juntos, de modo que ficam à maneira dos dedos de uma mão estendida, sobre os quais podem ir duas ou três pessoas, ou mais se mais forem os paus, porque são mui leves e sofrem muito peso em cima d'água. Têm quatorze, ou quinze palmos de comprimento, e de grossura ao redor ocuparão dois, pouco mais ou menos. Desta maneira vivem todos estes índios sem mais terem outras fazendas entre si, nem granjearias em que se desvelem, nem tampouco estados nem opiniões de honra, nem pompas para que as hajam mister. Porque todos (como digo) são iguais, e em tudo tão conformes nas condições, que ainda nesta parte vivem justamente e conforme à lei de natureza.[4]

---

[4]. Essa interpretação acerca da natureza do gentio da América reitera interesses de colonos portugueses querelantes, empenhados em escravizar os indígenas da terra; essa tese, entendida como murmuração do reino, é contrária à Bula papal de 1537 que decreta os gentios do Novo Mundo como possuidores de alma, "ou seja, eram gente como os católicos e que era vedado escravizá-los" (João A. Hansen, "A servidão natural do selvagem e a guerra justa contra o bárbaro", em Adauto Novais (org.), *A descoberta do homem e do mundo*, 1998, p. 354. O autor lembra ainda que esta mesma tese é validada no Concílio de Trento em 1550 e é contra ela que se bate a Companhia de Jesus).

Das guerras
que têm uns com outros e a maneira de como se hão nelas

Estes índios têm sempre grandes guerras uns contra os outros e assim nunca se acha neles paz, nem será possível (segundo são vingativos e odiosos) vedarem-se entre eles estas discórdias por outra nenhuma via, se não for por meios da doutrina cristã com que os padres da Companhia pouco a pouco os vão amansando como adiante direi. As armas com que pelejam são arcos e flechas, nas quais andam tão exercitados que de maravilha erram a coisa que apontem por difícil que seja de acertar. E no despedir delas são mui ligeiros em extremo, e sobre tudo mui arriscados nos perigos e atrevidos em grã maneira contra seus adversários. Quando vão à guerra sempre lhes parece que têm certa a vitória, e que nenhum de sua companhia há de morrer, e assim em partindo, dizem, vamos matar sem mais outro discurso nem consideração, e não cuidam que também podem ser vencidos. E somente com esta sede de vingança, sem esperanças de despojos, nem de outro algum interesse que a isso os mova, vão muitas vezes buscar seus inimigos mui longe, caminhando por serras, matos, desertos e caminhos mui ásperos. Outros costumam ir por mar de umas terras para outras em umas embarcações a que chamam canoas quando querem fazer saltos ao longo da costa. Estas canoas são feitas à maneira de lançadeiras de tear de um só pau, em cada uma das quais vão 20, 30 remeiros. Além destas há outras que são da casca de um pau do mesmo tamanho, que se acomodam muito às ondas, e são mui ligeiras, ainda que menos seguras, porque se se alagam vão-se ao fundo o que não têm as de pau, que de qualquer maneira sempre andam em cima d'água. E quando acontece alagar-se alguma os mesmos índios, se lançam ao mar, e a sustentam até que a acabam de esgotar, e outra vez se embarcam nela e tornam a fazer sua viagem.

Todos em seus combates são determinados, e pelejam mui animosamente sem nenhumas armas defensivas; e assim parece coisa estranha ver dois, três mil homens nus de parte a parte flechar uns aos outros com grandes assovios e grita, meneando-se todos com grande ligeireza, de uma parte para a outra, para que não possam os inimigos apontar nem fazer tiro em pessoa certa. Porém pelejam desordenadamente, e desmandam-se muito uns e outros em semelhantes brigas, porque não têm capitão que os governe, nem outros oficiais de guerra, a que hajam de obedecer nos tais tempos. Mas ainda que desta ordenança careçam, todavia por outra parte, dão-se a grande manha em seus cometimentos, e são mui cautos no escolher do tempo em que hão de fazer seus assaltos nas aldeias dos inimigos; sobre os quais costumam dar de noite a hora que os achem mais descuidados. E quando acontece não poderem logo entrá-los por alguma cerca de madeira lhes ser impedimento que eles têm ao redor da aldeia para sua defensão, fazem outra semelhante algum tanto separada da mesma aldeia; e assim a vão chegando cada noite 10, 12 passos até que um dia amanhece pegada com a dos contrários, onde muitas vezes se acham tão vizinhos que vêm a quebrar as cabeças, com paus que arremessam uns aos outros. Mas pela maior parte os que estão na aldeia ficam melhorados da peleja, e as mais das vezes se tornam os cometedores desbaratados para suas terras sem conseguirem vitória, nem triunfarem de seus inimigos, como pretendiam. E isto assim por não terem armas defensivas nem outros apercebimentos necessários para se entreterem nos cercos, e fortificarem contra seus inimigos, como também por seguirem muitos agouros, e qualquer coisa que se lhes antolha ser bastante a retirá-los de seu intento, e tão inconstantes e pusilânimes são nesta parte, que muitas vezes com partirem de suas terras mui determinados. E desejosos de exercitarem sua crueldade, se acontece encontrar uma certa ave, ou qualquer outra coisa semelhante que eles tenham por ruim prognóstico, não vão mais por diante com sua determinação, e dali costumam tornar-se outra vez sem haver algum da companhia que seja contra este parecer. Assim que com qualquer abusão destas, a todo tempo se abalam mui facilmente, ainda que estejam mui perto de alcançar vitória, porque já aconteceu terem uma aldeia quase rendida, e por um papagaio que havia nela falar umas certas palavras que lhe eles tinham ensinado, levantaram o cerco e fugiram sem esperarem o bom sucesso que o tempo lhes prometia, crendo sem dúvida que se assim o não fizeram, morreram todos a mãos de seus inimigos. Mas afora esta pusilanimidade a que estão sujeitos, são mui atrevidos (como digo) e tão confiados em sua valentia, que não há forças de contrários tão poderosas que os assombrem, nem que os façam desviar de suas bárbaras e vingativas tenções. A este propósito contarei alguns casos notáveis que aconteceram entre eles, deixando outros muitos à parte de que eu pudera fazer um grande volume, se minha tenção fora escrevê-los em particular como cada um dos seguintes.

Na capitania de São Vicente sendo capitão Jorge Ferreira, aconteceu darem os contrários em uma aldeia que estava não mui longe dos portugueses, e neste assalto matarem um filho do principal da mesma aldeia. E porque ele era bem quisto e amado de todos, não havia pessoa nela que o não pranteasse, mostrando com lágrimas e palavras magoadas o sentimento de sua morte. Mas o pai, como corrido e afrontado de não haver ainda neste caso tomado vingança, pediu a todos com eficácia que se o amavam dissimulassem a perda de seu filho, e que por nenhuma via o quisessem chorar. Passados três ou quatro meses depois da morte do filho, mandou aperceber sua gente como convinha, por lhe parecer aquele tempo mais favorável e acomodado a seu propósito, o que todos logo puseram em efeito. E dali a poucos dias deram consigo na terra dos contrários (que seria distância de três jornadas pouco mais ou menos) onde fizeram suas ciladas junto da aldeia em parte que mais pudessem ofender a seus inimigos. E tanto que anoiteceu, o mesmo principal se apartou da companhia com 10 ou 12 flecheiros escolhidos de que ele mais se confiava, e com eles entrou na mesma aldeia dos inimigos, que o haviam ofendido. E deixando-os à parte, só, sem outra pessoa o seguir, começou de rodear uma casa e outra espreitando com muita cautela de maneira que não fosse sentido. E da prática que eles tinham uns com os outros veio a conhecer pela notícia do nome qual era, e onde estava o que havia morto seu filho, e para se acabar de satisfazer, chegou-se da banda de fora a sua instância, e como foi bem certificado de ele ser aquele, deixou-se ali estar lançado em terra, esperando que se aquietasse a gente. E tanto que viu horas acomodadas para fazer a sua, rompeu a palma mui mansamente, de que a casa estava coberta, e entrando foi-se direito ao matador, ao qual cortou logo a cabeça em breve espaço com um cutelo que para isso levava. Feito isto tomou-a nas mãos e saiu-se fora a seu salvo. Os inimigos que neste tempo acordaram ao reboliço e estrondo do morto, conhecendo serem contrários, começaram de os seguir. Mas como seus companheiros que ele havia deixado em guarda estavam prontos, ao sair da casa mataram muitos deles, e assim se foram defendendo até chegarem às ciladas, donde todos saíram com grande ímpeto contra os que os seguiam, e ali mataram muitos mais. E com esta vitória se vieram recolhendo para sua terra com muito prazer e contentamento. E o principal que consigo trazia a cabeça do inimigo, chegando a sua aldeia a primeira coisa que fez foi-se ao meio do terreiro da mesma aldeia e ali a fixou num pau à vista de todos dizendo estas palavras: "agora companheiros e amigos meus que eu tenho vingada a morte de meu filho, e trazida a cabeça do que o matou diante de vossos olhos, vos dou licença que o choreis, muito em boa hora, que dantes com mais razão me podereis a mim chorar, enquanto vos parecia que por algum descuido dilatava esta vingança, ou que por ventura esquecido de tão grande ofensa já não pretendia tomá-la, sendo eu aquele a quem mais devia tocar o sentimento de sua morte". Dali por diante foi sempre este principal mui temido, e ficou seu nome afamado por toda aquela terra.

Outro caso de não menos admiração aconteceu entre Porto Seguro e o Espírito Santo, naquelas guerras onde mataram Fernão de Sá, filho de Mem de Sá, que então era governador-geral destas partes. E foi que tendo os portugueses rendida uma aldeia com favor de alguns índios nossos amigos que tinham de sua parte, chegaram a uma casa para fazerem presa nos inimigos como já tinham feito em cada uma das outras. Mas eles, deliberados a morrer, não consentiram que nenhum entrasse dentro; e os de fora vendo sua determinação, e que por nenhuma via se queriam entregar, disseram-lhes que se logo a hora o não faziam, lhes haviam de pôr fogo à casa sem nenhuma remissão. E vendo os nossos que com eles não aproveitava este desengano, antes se punham de dentro em determinação de matar quantos pudessem, lhes puseram fogo. E estando a casa assim ardendo, o principal deles vendo que já não tinham nenhum remédio de salvação nem de vingança, e que todos começavam de arder, remeteu de dentro com grande fúria a outro principal dos contrários que passava por defronte da porta da banda de fora, e de tal maneira o abarcou, que sem se poder livrar de suas mãos, o meteu consigo em casa e no mesmo instante se lançou com ele na fogueira, onde arderam ambos com os mais que lá estavam sem escapar nenhum.

Neste mesmo tempo e lugar deu um português uma tão grã cutilada a um índio, que quase o cortou pelo meio, o qual caindo no chão já como morto, antes que acabasse de expirar, lançou a mão a uma palha que achou diante de si, e atirou com ela ao que o matara, como que se dissera: "recebe-me a vontade que te não posso mais fazer que isto que te faço em sinal de vingança". Donde verdadeiramente se pode inferir que outra nenhuma coisa os atormenta mais na hora de sua morte que a mágoa que levam de se não poderem vingar de seus inimigos.

Da morte que dão aos cativos
e crueldades que usam com eles

Uma das coisas em que estes índios mais repugnam o ser da natureza humana, e em que totalmente parece que se extremam dos outros homens, é nas grandes e excessivas crueldades que executam em qualquer pessoa que podem haver às mãos, como não seja de seu rebanho. Porque não tão somente lhe dão cruel morte em tempo que mais livres e desimpedidos estão de toda a paixão, mas ainda depois disso, por se acabarem de satisfazer lhe comem todos a carne, usando nesta parte de cruezas tão diabólicas, que ainda nelas excedem aos brutos animais que não têm uso de razão, nem foram nascidos para obrar clemência.

Primeiramente quando tomam algum contrário, se logo naquele flagrante o não matam, levam-no a suas terras para que mais a seu sabor se possam todos vingar dele. E tanto que a gente da aldeia tem notícia que eles trazem o cativo, daí lhe vão fazendo um caminho até obra de meia légua, pouco mais ou menos, onde o esperam. Ao qual em chegando, recebem todos com grandes afrontas e vitupérios, tangendo-lhe umas flautas que costumam fazer das canas das pernas de outros contrários semelhantes que matam da mesma maneira. E como entram na aldeia depois de assim andarem com ele triunfando de uma parte para outra, lançando-lhe ao pescoço uma corda de algodão que para isso têm feita, a qual é mui grossa, quanto naquela parte que o abrange, e tecida ou enlaçada de maneira que ninguém a pode abrir nem cerrar senão é o mesmo oficial que a faz. Esta corda tem duas pontas compridas por onde o atam de noite para não fugir. Dali o metem numa casa, e junto da estância daquele que o cativou lhe armam uma rede, e tanto que nela se lança, cessam todos os agravos sem haver mais pessoa que lhe faça nenhuma ofensa. E a primeira coisa que logo lhe apresentam é uma moça a mais formosa e honrada que há na aldeia, a qual lhe dão por mulher, e daí por diante ela tem cargo de lhe dar de comer e de o guardar, e assim não vai nunca para parte que o não acompanhe. E depois de o terem desta maneira mui regalado um ano, ou o tempo que querem, determinam de o matar e aqueles últimos dias antes de sua morte, por festejarem a execução desta vingança, aparelham muita louça nova, e fazem muitos vinhos do sumo de uma planta, que se chama aipim, de que atrás fiz menção. Neste mesmo tempo lhe ordenam uma casa nova onde o metem. E o dia que há de padecer, pela manhã muito cedo antes que o sol saia, o tiram dela, e com grandes cantares e folias, o levam a banhar a uma ribeira. E tanto que o tornam a trazer vão-se com ele a um terreiro que está no meio da aldeia e ali lhe mudam aquela corda do pescoço à cinta, passando-lhe uma ponta para trás, outra para diante. E em cada uma delas pegados dois, três índios. As mãos lhe deixam soltas porque folgam de o ver defender com elas; e assim lhe chegam uns pomos duros que têm entre si à maneira de laranjas com que possa atirar e ofender a quem quiser. E aquele que está deputado para o matar é um dos mais valentes e honrados da terra, a quem por favor e preeminência de honra concedem este ofício. O qual se empena primeiro por todo o corpo com penas de papagaios e de outras aves de várias cores. E assim sai desta maneira com um índio que lhe traz a espada sobre um alguidar, a qual é um pau mui duro e pesado, feita a maneira de uma maça, ainda que na ponta tem alguma semelhança de pá. E chegando ao padecente a toma nas mãos, e lha passa por baixo das pernas e dos braços meneando-a de uma parte para outra. Feitas estas cerimônias, afasta-se algum tanto dele, e começa de lhe fazer uma fala a modo de pregação, dizendo-lhe que se mostre mui esforçado em defender sua pessoa, para que o não desonre, nem digam que matou um homem fraco, afeminado e de pouco ânimo, e que se lembre que dos valentes é morrerem daquela maneira em mãos de seus inimigos, e não em suas redes como mulheres fracas, que não foram nascidas para com suas mortes ganharem semelhantes honras. E se o padecente é homem animoso, e não está desmaiado naquele passo (como acontece a alguns), responde-lhe com muita soberba e ousadia, que o mate muito embora, porque o mesmo tem ele feito a muitos seus parentes e amigos. Porém que lhe lembre que assim como tomam de suas mortes vingança nele, que assim também os seus o hão de vingar como valentes homens, e haverem-se ainda com ele e com toda sua geração daquela mesma maneira. Ditas estas e outras palavras semelhantes, que eles costumam arrazoar nos tais tempos, remete o matador a ele com a espada levantada nas mãos, em postura de o matar, e com ela o ameaça muitas vezes, fingindo que lhe quer dar. O miserável padecente que sobre si vê a cruel espada entregue naquelas violentas e rigorosas mãos do capital inimigo, com os olhos e sentidos prontos nela, em vão se defende quanto pode. E andando assim nestes cometimentos, acontece algumas vezes virem a braços, e o padecente tratar mal ao matador com a mesma espada. Mas isto raramente, porque acodem logo com muita presteza os circunstantes a livrá-lo de suas mãos. E tanto que o matador vê tempo oportuno, tal pancada lhe dá na cabeça, que logo lha faz em pedaços. Está uma índia velha prestes com um cabaço grande na mão, e como ele cai, acode muito depressa a meter-lho na cabeça para tomar nele os miolos e o sangue. E como desta maneira o acabam de matar, fazem-no em pedaços, e cada principal que aí se acha leva seu quinhão para convidar a gente de sua aldeia. Tudo enfim assam e cozem, e não fica dele coisa que não comam todos quantos há na terra. Salvo aquele que o matou não come dele nada, e além disso manda-se sarjar por todo o corpo, porque tem por certo que logo morrerá, se não derramar de si aquele sangue tanto que acaba de fazer seu ofício. Algum braço ou perna, ou outro qualquer pedaço de carne costumam assar no fumo, e tê-lo guardado alguns meses, para depois quando o quiserem comer, fazerem novas festas, e com as mesmas cerimônias tornarem a renovar outra vez o gosto desta vingança como no dia em que o mataram. E depois que assim chegam a comer a carne de seus contrários, ficam os ódios confirmados perpetuamente, porque sentem muito esta injúria, e por isso andam sempre a vingar-se uns dos outros como já tenho dito. E se a mulher que foi do cativo acerta de ficar prenhe, aquela criança que pare, depois de criada, matam-na e comem-na sem haver entre eles pessoa alguma que se compadeça de tão injusta morte. Antes seus próprios avós (a quem mais devia chegar esta mágoa) são aqueles que com maior gosto o ajudam a comer, e dizem que como filho de seu pai se vingam dele, tendo para si que em tal caso não toma esta criatura nada da mãe, nem creem que aquela inimiga semente pode ter mistura com seu sangue. E por este respeito somente lhe dão esta mulher com que converse, porque na verdade são eles tais, que não se haveriam de todo ainda por vingados do pai, se no inocente filho não executassem esta crueldade. Mas porque a mãe sabe o fim que hão de dar a esta criança, muitas vezes quando se sente prenhe, mata-a dentro da barriga, e faz com que não venha à luz. Também acontece algumas vezes afeiçoar-se tanto ao marido, que chega a fugir com ele para sua terra pelo livrar da morte. E assim alguns portugueses desta maneira escaparam, que ainda hoje em dia vivem. Porém o que por esta via se não salva, ou por outra qualquer manha oculta, será coisa impossível escapar de suas mãos com vida, porque não costumam dá-la a nenhum cativo, nem desistirão da vingança que esperam tomar dele por nenhuma riqueza do mundo, quer seja macho, quer fêmea. Salvo se o principal, ou outro qualquer da aldeia acerta de casar com alguma escrava sua contrária (como muitas vezes acontece) pelo mesmo caso fica libertada, e assentam em não pretenderem vingança dela, por comprazerem àquele que a tomou por mulher. Mas tanto que morre de sua morte natural, por cumprirem as leis de sua crueldade (havendo que já nisto não ofendem ao marido) costumam quebrar-lhe a cabeça, ainda que isto raras vezes, porque se tem filhos não deixam chegar ninguém a ela, e estão guardando seu corpo até que o deem à sepultura.

Outros índios de outra nação diferente se acham nestas partes, ainda mais ferozes e de menos razão que estes. Chamam-se aimorés,[1] os quais andam por esta costa como salteadores, e habitam da capitania dos Ilhéus até a de Porto Seguro, aonde vieram ter do sertão no ano de [15]55, pouco mais ou menos. A causa de residirem nesta parte mais que nas outras é por serem aqui as terras mais acomodadas a seu propósito, assim pelos grandes matos que têm onde sempre andam emboscados, como pela muita caça que há nelas, que é o seu principal mantimento de que se

---

1. O termo *aimoré*, provavelmente, tornou-se conhecido dos portugueses por intermédio dos tupinambás e seria referência a algum grupo que habitava também a região do NE. Era comum pensar que os aimorés eram botocudos. [N. do E.]

sustentam. Estes aimorés são mais alvos e de maior estatura que os outros índios da terra, com a língua dos quais não tem a destes nenhuma semelhança nem parentesco. Vivem todos entre os matos como brutos animais, sem terem povoações nem casas em que se recolham. São mui forçosos em extremo, e trazem uns arcos mui compridos e grossos conformes a suas forças, e as flechas da mesma maneira. Estes alarves têm feito muito dano nestas capitanias depois que desceram a esta costa, e mortos alguns portugueses e escravos, porque são mui bárbaros, e toda a gente da terra lhes é odiosa. Não pelejam em campo, nem têm ânimo para isso. Põem-se entre o mato junto de algum caminho, e tanto que alguém passa, atiram-lhe ao coração, ou à parte onde o matem, e não despedem flecha que não na empreguem. As mulheres trazem uns paus grossos à maneira de maças com que os ajudam a matar algumas pessoas quando se oferece ocasião. Até agora não se pôde achar nenhum remédio para destruir esta pérfida gente, porque tanto que vem tempo oportuno, fazem seus saltos, e logo se recolhem ao mato mui depressa, onde são tão ligeiros e manhosos, que quando cuidamos que vão fugindo ante quem os persegue, então ficam atrás escondidos atirando aos que passam descuidados, e desta maneira matam muita gente. Pela qual razão todos quantos portugueses e índios há na terra os temem muito, e assim onde os há, nenhum morador vai a sua fazenda por terra, que não leve consigo quinze vinte escravos de arcos e flechas para sua defensão. O mais do tempo andam derramados por diversas partes, e quando se querem ajuntar assoviam como pássaros, ou como bugios, de maneira que uns aos outros se entendem e conhecem, sem serem da outra gente conhecidos. Não dão vida uma só hora a ninguém, porque são mui repentinos e acelerados no tomar de suas vinganças, e tanto, que muitas vezes estando a pessoa viva, lhe cortam a carne, e lha estão assando e comendo à vista de seus olhos. São finalmente estes selvagens tão ásperos e cruéis, que não se pode com palavras encarecer sua dureza. Alguns deles houveram já os portugueses às mãos, mas como sejam tão bravos e de condição tão esquiva nunca os puderam amansar nem submeter a nenhuma servidão, como os outros índios da terra que não recusam como estes a sujeição do cativeiro.

Também há uns certos índios junto do rio do Maranhão, da banda do Oriente em altura de dois graus, pouco mais ou menos, que se chamam tapuias,[2] os quais dizem que são da mesma nação destes aimorés, ou pelo menos irmãos em armas, porque ainda que se encontrem não ofendem uns aos outros. Estes tapuias não comem a carne de nenhuns contrários, antes são inimigos capitais daqueles que acostumam comer, e os perseguem com mortal ódio. Porém pelo contrário têm outro rito muito mais feio e diabólico, contra natureza, e digno de maior espanto. E

---

2. É difícil dizer ao certo o que designa a palavra *tapuia*, pois o termo indicaria apenas aqueles que não falam a mesma língua desses tupinambás. Trata-se de uma expressão atribuída à forma como os tupinambás se refeririam a outros grupos falantes de outras línguas. Parece ser um termo genérico para indicar "os outros" e aí estariam referidos principalmente os jê. [N. do E.]

é, que quando algum chega a estar doente de maneira que se desconfie de sua vida, seu pai ou mãe, irmãos, ou irmãs, ou quaisquer outros parentes mais chegados, o acabam de matar com suas próprias mãos, havendo que usam assim com ele de mais piedade, que consentirem que a morte o esteja senhoreando e consumindo por termos tão vagarosos. E o pior que é, que depois disto o assam e cozem e lhe comem toda a carne, e dizem que não hão de sofrer que coisa tão baixa e vil, como é a terra, lhes coma o corpo de quem eles tanto amam, e que pois é seu parente, e entre eles há tanta razão de amor, que sepultura mais honrada lhe podem dar que metê-lo dentro em si e agasalhá-lo para sempre em suas entranhas.

E porque meu intento principal não foi tratar aqui senão daqueles índios que são gerais pela costa, com que os portugueses têm comunicação, não me quis mais deter em particularizar alguns ritos desta e de outras nações diferentes que há nesta província, por me parecer que seria temeridade e falta de consideração escrever em história tão verdadeira coisas em que porventura podia haver falsas informações, pela pouca notícia que ainda temos da mais gentilidade que habita pela terra dentro.

Do fruto que fazem nestas partes os padres
da Companhia com sua doutrina

POR TODAS as capitanias desta província estão edificados mosteiros dos padres da Companhia de Jesus, e feitas em algumas partes algumas igrejas entre os índios que são de paz, onde residem alguns padres para os doutrinar e fazer cristãos, o que todos aceitam facilmente sem contradição alguma. Porque como eles não tenham nenhuma lei, nem coisa entre si a que adorem, é-lhes muito fácil tomar esta nossa. E assim também com a mesma facilidade por qualquer coisa leve a tornam a deixar, e muitos fogem para o sertão, depois de batizados e instruídos na doutrina cristã. E porque os padres veem a inconstância que há neles, e a pouca capacidade que têm para observarem os mandamentos da lei de Deus (principalmente os mais antigos, que são aqueles em que menos frutifica a semente de sua doutrina), procuram em especial plantá-la em seus filhos, os quais levam de meninos instruídos nela. E desta maneira se tem esperança (mediante a divina graça) que pelo tempo adiante se vá edificando a religião cristã por toda esta província, e que ainda nela floresça universalmente

a nossa santa fé católica, como noutra qualquer parte da cristandade. E para que o fruto desta doutrina se não perdesse, antes de cada vez fosse em mais crescimento, determinaram os mesmos padres de atalhar todas as oca-
5 siões que lhe podiam da nossa parte ser impedimento, causa de escândalo, e prejuízo às consciências dos moradores da terra. Porque como estes índios cobiçam muito algumas coisas que vão deste reino, convém a saber, camisas, pelotes, ferramentas, e outras peças semelhantes,
10 vendiam-se a troco delas uns aos outros aos portugueses; os quais a voltas disto salteavam quantos queriam, e faziam-lhes muitos agravos sem ninguém lhes ir à mão. Mas já agora não há esta desordem na terra nem resgates como soía. Porque depois que os padres viram a sem
15 razão que com eles se usava, e o pouco serviço de Deus que daqui se seguia, proveram neste negócio e vedaram (como digo) muitos saltos que faziam os mesmos portugueses por esta costa; os quais encarregavam muito suas consciências com cativarem muitos índios contra direito,
20 e moverem-lhes guerras injustas.[1] E para evitar tudo isto,

---

1. Não se trata de imparcialidade do historiador português, mas de revelar ao soberano publicamente que súditos seus foram responsáveis por maus atos, tornando pesadas suas consciências particulares (que os conduzirá ao Inferno), mas principalmente corrompendo o corpo do Império. A função jurídica do rei o faz auditório-juiz deste relato, isto é, do discurso público do historiador a respeito de maus feitos nas províncias do reino. Aqui já se executam as *leis do reino*, que então eram provavelmente o objeto principal do zelo de qualquer historiador, que não serve senão por lhe conservar a memória, à lei do rei e à fé cristã.

ordenaram os padres, e fizeram com os governadores e capitães da terra, que não houvessem mais resgates daquela maneira, nem consentissem que fosse nenhum português a suas aldeias sem licença do seu mesmo capitão. E se algum faz o contrário, ou os agrava por qualquer via que seja, ainda que vá com licença, pelo mesmo caso é mui bem castigado, conforme a sua culpa. Além disto, para que nesta parte haja mais desengano, quantos escravos agora vêm novamente do sertão, ou de umas capitanias para outras, todos levam primeiro à alfândega, e ali os examinam e lhes fazem perguntas, quem os vendeu, ou como foram resgatados; porque ninguém os pode vender senão seus pais (se for ainda com extrema necessidade) ou aqueles que em justa guerra os cativam; e os que acham mal adquiridos põem-nos em sua liberdade. E desta maneira quantos índios se compram são bem resgatados, e os moradores da terra não deixam por isso de ir muito avante com suas fazendas.

Outros muitos benefícios e obras pias têm feito estes padres e fazem hoje em dia nestas partes, a que com verdade se não pode negar muito louvor. E porque elas são tais que por si apregoam pela terra, não me quis intermeter a tratá-las aqui mais por excesso; basta sabermos quão aprovadas são em toda parte suas obras por santas e boas, e que sua tenção não é outra senão dedicá-las a nosso Senhor, de quem somente esperam a gratificação e prêmio de suas virtudes.

Das grandes riquezas
que se esperam da terra do sertão

Esta província Santa Cruz, além de ser tão fértil como digo, e abastada de todos os mantimentos necessários para a vida do homem, é certo ser também mui rica, e haver nela muito ouro e pedraria, de que se têm grandes esperanças. E a maneira de como isto se veio a denunciar e ter por coisa averiguada, foi por via dos índios da terra. Os quais como não tenham fazendas que os detenham em suas pátrias, e seu intento não seja outro senão buscar sempre terras novas, a fim de lhes parecer que acharam nelas imortalidade e descanso perpétuo, aconteceu levantarem-se uns poucos de suas terras, e meterem-se pelo sertão dentro; onde, depois de terem entrado algumas jornadas, foram dar com outros índios seus contrários, e ali tiveram com eles grande guerra. E por serem muitos e lhes darem nas costas, não se puderam tornar outra vez a suas terras. Por onde lhes foi forçado entrar pela terra dentro muitas léguas. E pelo trabalho e má vida que neste caminho passaram, morreram muitos deles e os que escaparam foram dar em uma terra onde havia algumas povoações mui grandes e de muitos vizinhos, os quais possuíam tanta riqueza que afirmaram haver ruas mui compridas entre eles, nas quais se não fazia outra coisa senão lavrar peças d'ouro e pedraria. Aqui se detiveram alguns dias com estes moradores, os quais vendo-lhes algumas ferramentas que eles levavam consigo, perguntaram-lhes de quem as haviam, ou por que meios lhes vinham ter às mãos. Responderam-lhes que uma certa gente habitava ao longo da costa da banda do Oriente, que tinha barba e outro parecer diferente, de que as alcançavam, que são os portugueses. Os mesmos sinais lhes deram estes outros dos castelhanos do Peru, dizendo-lhes que também da outra banda tinha notícia haver gente semelhante, então lhes deram certas rodelas todas chapadas d'ouro, e esmaltadas de esmeraldas; e lhes pediram que as levassem, para que se acaso fossem ter com eles a suas terras, lhes dissessem que se a troco daquelas peças e outras semelhantes lhes queriam levar ferramentas e ter comunicação com eles, o fizessem que estavam prestes para os receberem com muito boa vontade. Depois disto partiram-se daí e foram dar em o rio das Amazonas, onde se embarcaram em algumas canoas que fizeram; e a cabo de terem navegado por ele acima dois anos, chegaram à província do Quito, terra do Peru povoada de castelhanos. Os quais vendo esta nova gente, espantaram-se muito, e não sabiam determinar donde eram, nem a que vinham. Mas logo foram conhecidos por gentio, da província Santa Cruz de alguns portugueses que então na mesma terra se acharam. E perguntado por eles a causa de sua vinda contaram-lhes o caso miudamente, fazendo-os sabedores de tudo o que lhes havia sucedido. E isto veio-nos à notícia, assim por via dos castelhanos do Peru, onde estas rodelas foram vendidas por grande preço, como pela dos mesmos portugueses que lá estavam quando isto aconteceu, com os quais falaram alguns homens deste reino, pessoas de autoridade, e dignas de crédito, que testificam ouvirem-lhes afirmar tudo isto por extenso da maneira que digo. E sabe-se de certo que está toda esta riqueza nas terras da conquista del-Rei de Portugal, e mais perto sem comparação das povoações dos portugueses que dos castelhanos. Isto se mostra claramente no pouco tempo que puseram estes índios em chegar a ela e no muito que despenderam em passarem daí ao Peru, que foram dois anos como já disse. Além da certeza que por esta via temos, há outros muitos índios na terra que também afirmam haver no sertão muito ouro; os quais posto que são gente de pouca fé e verdade, dá-se-lhes crédito nesta parte, porque acerca disto os mais deles são contestes, e falam em diversas partes por uma boca. Principalmente é pública fama entre eles, que há uma lagoa mui grande no interior da terra, donde procede o rio de São Francisco, de que já tratei; dentro da qual dizem haver algumas ilhas, e nelas edificadas muitas povoações, e outras ao redor delas mui grandes, onde também há muito ouro, e mais quantidade (segundo se afirma) que em nenhuma outra parte desta província. Também pela terra dentro, não muito longe do rio da Prata descobriram os castelhanos uma mina de metal, da qual se tem levado ouro ao Peru, e de cada quintal dele dizem que se tirou 570 cruzados, e de outro trezentos e tantos; o demais que dela se tira é cobre infinito. Também descobriram outras minas de umas certas pedras brancas e verdes, e de outras cores diversas; as quais são todas de cinco, seis quinas cada uma à maneira de diamantes, e também lavradas da natureza, como se por indústria humana o foram. Estas pedras nascem em um vaso como coco, o qual é todo oco com mais de quatrocentas pedras ao redor, todas inseridas na pedreira com as pontas para fora. Alguns destes pedernais se acham ainda imperfeitos; porque dizem que quando são de vez que por si arrebentam, com tanto estrondo, como se disparasse um exército de arcabuzes; e assim acharam muitas, que com a fúria (segundo dizem) se metem pela terra um e dois estádios. Do preço delas não trato aqui, porque ao presente o não pude saber, mas sei que assim destas como de outras há nesta província muitas e mui finas, e muitos metais, donde se pode conseguir infinita riqueza. A qual permitirá Deus, que ainda em nossos dias se descubra toda, para que com ela se aumente muito a coroa destes reinos; aos quais desta maneira esperamos (mediante o favor divino) ver muito cedo postos em tão feliz e próspero estado, que mais se não possa desejar.

Impresso em Lisboa na Oficina
de Antonio Gonçalves. Ano de 1576.
Fim

ÍNDICE GERAL

Achéns, 56
adéns, 116
aguada, 69, 72
águias, 115, 119
aimorés, 156, 158
aipim, 97, 152
alcachofras, 99
aldeias, 82, 136, 145, 163
Alexandre, o Grande, 54
alfândega, 163
algodão, 101
alimentos medicinais, 101, 103, 106, 124
alimentos venenosos, 96
Amazonas, rio, 78, 166
âmbar, 121, 124, 125
América, 75, 76
amêndoa, 100
ananás, 99
anapurus, 117
Andes, 76
Angola, 76
antas, 107

antiguidade, 66
Antunes, Manuel, 50
Apolo, 57
araras, 117
arcabuzes, 168
arpões, 122
arquitetura, 92, *veja também* edificações
arroz, 98
Assunção, 80
atuns, 122
açores, 115, 117

babosa, 99
Bahia de todos os Santos, 85, 86, 91, 97
baiacus, 123
baleias, 121, 124, 125
banana, 98
Barros, João de, 73
batata, 97
beiju, 97
Belona, 54

bezerros, 109
bicho-preguiça, 110
bispos, 85
Boa Esperança, cabo de, 69, 76
Brasil, 69
bugios, 112, 158
bárbaros, 126, 157

Cabo Verde, 69, 106
caboraíba, 102
Cabral, Pedro Álvares, 69, 71
cajus, 100
calmaria, 69
calor, 78
camboropins, 122
caminho para o Peru, 76
Camões, 51
cana-de-açúcar, 101
canibalismo, 151–155, 159, *veja também* gentios
canindés, 117
canoas, 144, 166
capitanias, 7, 71
capitães, 82, 163
caridade, 93
carneiros, 111
carnes, 121, 141
casamentos, *ver* gentios
Castela, 81
castelhanos, 80, 166, 167
cavalos, 106, 108, 111

caça, 92, 108, 141, 156
Celeste, 53
cerigões, 110
César, Gaius Julius, 54
cidra, 100
clima, 77, 78
Coadros, Manuel de, 50
cobras, 105, 113
   casvavéis, 113
   jararacas, 113
cobre, 168
cocos, 98, 168
Coelho, Duarte, 83
coelhos, 108, 113
Companhia de Jesus, 89, 143, 161
   benefícios e obras pias, 163
Congo, 76
conversão dos gentios, 161
copaíba, 101
coricas, 118
correntes, 78
corsários, 89
Cosmos, vila dos, 84
cotias, 107
Coutinho, Francisco Pereira, 85
Coutinho, Vasco Fernandes, 87

D'Almeida, João, 86
dedicatória, 62

ÍNDICE GERAL

demônio, 73, 128, 130
desengano, 163
Deus, 61, 126, 161, 162, 168
diamantes, 168
dificuldades na viagem, 69
diversidade da fauna, 114
doninhas, 112
dormideira, 103
doutrina cristã, 71, 143, 161

edificações, 92, 136
   taipa, 92
emas, 120
enfermidades, 77, 101, 102
engenho *(ret.)*, 57, 62, 65, 67, 110
engenhos e fazendas, 84, 101
Equinocial, 76, 78, 81, 101
erva viva, 103
escravos, 84, 92, 93, 117, 129, 157, 163
escrituras, 62
esmeraldas, 166, 168
Espírito Santo, 87, 88, 91, 102, 148
estilo, 67
estorninhos, 118
estrangeiros, 65
Évora, 50

fantasia, 52

farinha, 97
favas, 98
fazendas, 83
fecha-a-porta-maria, 103
Ferreira, Baltasar, 128
Ferreira, Jorge, 146
figo, 98, 100
Figueiredo Correa, Jorge de, 86
formigas, 111
franceses, 83, 88
frio, 78

gado, 106-109, 121
gaivotas, 119
galinhas, 108, 116
galinhas do mato, 116
galos do Peru, 119
Gandavo, Pero de Magalhães, 49, 51, 53, 57, 61
gatos, 109
gaviões, 115, 116
gentios, 76, 79, 82, 97, 126, 133-142, 159, 166
   aborto, 155
   adornos, 137
   aimorés, 156, 158
   aldeias, 136
   canibalismo, 151-155, 159
   cantos cerimoniais, 137
   casamento misto, 155

castidade, 139
conversão dos, 161
criação dos filhos, 139
crueldade, 147, 151, 159
de paz, 161
descrição, 133, 166
escambo, 162, 166
fé, lei, rei, 135, 167
guerras, 143
guerras entre bandos, 136
imortalidade da alma, 135
justiça, 136
laços de parentesco, casamentos, poligamia, 138
lei da natureza, 142
língua, 134, 157
maus agouros, 145
missões, 143
partos, 139
rede de dormir, 140
roças, 93, 96, 141
tapuias, 158
vingança, 149
Gouvea, Francisco de, 50
governadores, 82, 85, 88, 163
governos locais, divisão dos, 91
gralhas, 118
gregos, 66
guarás, 119

guerras, 143
guerras injustas, 162
Guiné, 69, 70

Henriquez, Lião, 50
história, 65, 66, 159
homens doutos, 66
humores, 77

Igaroçu, 84
Ilhéus, 86, 87, 102, 156
imprimatur, 50
Índia, 57
índios, 71, 82, 84, 85, 89, 115, 117, 118, 123, 124, 141, 143, 144, 157, 158, 162, 163, 165, 167, *veja também* gentios
inhame, 96, 97
Inquisição, 49
ipupiara, 130
Itanhaém, 89

jacus, 116
jangadas, 141
jarras da Índia, 98
jenipapo, 138
João, o terceiro, Dom, 81
jurisdições, 91

lagartos, 114
laranja, 100

ÍNDICE GERAL

laços de parentesco, *ver* gentios
lebres, 107, 113
legumes, 98
lei da natureza, *ver* gentios
leitões, 107
Leônidas, 59
leões, 112
limão, 100
Lisboa, 69
localização, 75
Lopez, João, 50

macieiras, 100
macucaguás, 116
Malaca, 57, 59
mandamentos, 161
mandioca, 96, 97, 141
mangues, 122
mantimentos, 96
maracanãs, 118
Maranhão, rio do, 79, 158
Marte, 52, 53, 56, 57
Matos, Christóvão de, 50
melros, 118
melão, 100
memória, 56, 66, 67, 73
Mercúrio, 54, 57
metais, 168
mico-leão-dourado, 112
milho zaburro, 98, 141

monstro marinho, 127–130, *131*
mulas, 107

naturais, 65, *veja também* gentios
nações bárbaras, 67, *veja também* gentios

Oceano Áfrico, 76
Ocidente, 70, 76
Olimpo, 57
Olinda, 84
onças, 108, *veja também* tigres
oradores, 67
ordem de Cristo, 72
Oriente, 55, 61, 69, 76, 78, 79
ornamento, 67
ouro, 80, 140, 165–167
ouvidor geral, 85

pacas, 107
papagaios, 117, 118, 146, 153
Paraguai, rio, 80
pardais, 118
Paripe, 86
patos, 116, 120
pau para enfermidades, 102
pau-brasil, 73, 101
pedernais, 168
pedraria, 80, 140, 165, 166, 168
pedreira, 168
peixes venenosos, 123

peixes-bois, 121
pepino, 98, 100
perdizes, 116
Pereira, Dom Lionis, 51, 55, 59, 61
pereiras, 100
Pernambuco, 83, 85, 101, 119
peros repinaldos, 100
Peru, 76, 78, 80, 166, 167
pescaria, técnicas de, 122, 141
pinhas, 99
pobreza, 65, 93
poligamia, *ver* gentios
pombas, 116, 118
Porto Seguro, 70, 87, 91, 148
Portugal, 72, 81, 167
portugueses, 65, 66, 69, 72, 79, 81, 82, 85, 89, 91, 95, 100, 105, 115, 117, 118, 137, 146, 148, 155, 157–159, 162, 166, 167
povo gentílico, *ver* gentios
prata, 140
Prata, rio da, 80, 167
pregação, 71
primeiras explorações, 71
primeiros capitães, 82

Quersoneso, 55, 59
Quevedo, D. José de, 51n
Quito, 78, 166

Rio de Janeiro, 88, 91, 112
riquezas da terra, 165
rolas, 116
romanos, 66
romã, 100
roças, 93, 96
rãs, 118

Sacramento, 71
saguis, 112
Salvador, 85, 101
Santa Cruz, província, 75, 165, 166
Santa Cruz, província de, 73, 76, 91
Santa Cruz, terra de, 72
Santos, 89
São Francisco, rio, 79, 167
São Paulo, 89
São Sebastião, 88
São Tomé, ilha de, 98
São Vicente, 88, 89, 96, 101, 102, 127, 146
sapucaias, 98
sardinhas, 123
Seguro, Porto, 156
selvagens, 158, *veja também* gentios
sesmaria, 92
silvão, 103
sorças, 115

Sousa, Martim Afonso de, 88
Sousa, Pero Lopez de, 83
Sousa, Tomé de, 85
sustento, 92, 98
Sá, Fernão de, 148
Sá, Mem de, 88, 148

Talia, 53
tamanduás, 111
Tamaracá, 83
tamoatás, 123
tapuias, 158
tatus, 107, 123
testemunha de vista, 62
tigres, 108, 109, 128

titelas, 116
toninhas, 121
Tourinho, Pero do Campo, 87
tuins, 118

uva, 100

vassalos, 81
veados, 113
vegetação, 77
ventos, 77
Vila Velha, 85

xarrocos, 123

Zoilo, 52

HEDRA EDIÇÕES

1. *Iracema*, Alencar
2. *Don Juan*, Molière
3. *Contos indianos*, Mallarmé
4. *Auto da barca do Inferno*, Gil Vicente
5. *Poemas completos de Alberto Caeiro*, Pessoa
6. *Triunfos*, Petrarca
7. *A cidade e as serras*, Eça
8. *O retrato de Dorian Gray*, Wilde
9. *A história trágica do Doutor Fausto*, Marlowe
10. *Os sofrimentos do jovem Werther*, Goethe
11. *Dos novos sistemas na arte*, Maliévitch
12. *Mensagem*, Pessoa
13. *Metamorfoses*, Ovídio
14. *Micromegas e outros contos*, Voltaire
15. *O sobrinho de Rameau*, Diderot
16. *Carta sobre a tolerância*, Locke
17. *Discursos ímpios*, Sade
18. *O príncipe*, Maquiavel
19. *Dao De Jing*, Lao Zi
20. *O fim do ciúme e outros contos*, Proust
21. *Pequenos poemas em prosa*, Baudelaire
22. *Fé e saber*, Hegel
23. *Joana d'Arc*, Michelet
24. *Livro dos mandamentos: 248 preceitos positivos*, Maimônides
25. *O indivíduo, a sociedade e o Estado, e outros ensaios*, Emma Goldman
26. *Eu acuso!*, Zola | *O processo do capitão Dreyfus*, Rui Barbosa
27. *Apologia de Galileu*, Campanella
28. *Sobre verdade e mentira*, Nietzsche
29. *O princípio anarquista e outros ensaios*, Kropotkin
30. *Os sovietes traídos pelos bolcheviques*, Rocker
31. *Poemas*, Byron
32. *Sonetos*, Shakespeare
33. *A vida é sonho*, Calderón
34. *Escritos revolucionários*, Malatesta
35. *Sagas*, Strindberg
36. *O mundo ou tratado da luz*, Descartes
37. *O Ateneu*, Raul Pompeia
38. *Fábula de Polifemo e Galateia e outros poemas*, Góngora
39. *A vênus das peles*, Sacher-Masoch
40. *Escritos sobre arte*, Baudelaire
41. *Cântico dos cânticos*, [Salomão]
42. *Americanismo e fordismo*, Gramsci
43. *O princípio do Estado e outros ensaios*, Bakunin
44. *História da província Santa Cruz*, Gandavo
45. *Balada dos enforcados e outros poemas*, Villon
46. *Sátiras, fábulas, aforismos e profecias*, Da Vinci
47. *O cego e outros contos*, D.H. Lawrence

48. *Rashômon e outros contos*, Akutagawa
49. *História da anarquia (vol. 1)*, Max Nettlau
50. *Imitação de Cristo*, Tomás de Kempis
51. *O casamento do Céu e do Inferno*, Blake
52. *Cartas a favor da escravidão*, Alencar
53. *Utopia Brasil*, Darcy Ribeiro
54. *Flossie, a Vênus de quinze anos*, [Swinburne]
55. *Teleny, ou o reverso da medalha*, [Wilde et al.]
56. *A filosofia na era trágica dos gregos*, Nietzsche
57. *No coração das trevas*, Conrad
58. *Viagem sentimental*, Sterne
59. *Arcana Cœlestia e Apocalipsis revelata*, Swedenborg
60. *Saga dos Volsungos*, Anônimo do séc. XIII
61. *Um anarquista e outros contos*, Conrad
62. *A monadologia e outros textos*, Leibniz
63. *Cultura estética e liberdade*, Schiller
64. *A pele do lobo e outras peças*, Artur Azevedo
65. *Poesia basca: das origens à Guerra Civil*
66. *Poesia catalã: das origens à Guerra Civil*
67. *Poesia espanhola: das origens à Guerra Civil*
68. *Poesia galega: das origens à Guerra Civil*
69. *O pequeno Zacarias, chamado Cinábrio*, E.T.A. Hoffmann
70. *Tratados da terra e gente do Brasil*, Fernão Cardim
71. *Entre camponeses*, Malatesta
72. *O Rabi de Bacherach*, Heine
73. *Bom Crioulo*, Adolfo Caminha
74. *Um gato indiscreto e outros contos*, Saki
75. *Viagem em volta do meu quarto*, Xavier de Maistre
76. *Hawthorne e seus musgos*, Melville
77. *A metamorfose*, Kafka
78. *Ode ao Vento Oeste e outros poemas*, Shelley
79. *Oração aos moços*, Rui Barbosa
80. *Feitiço de amor e outros contos*, Ludwig Tieck
81. *O corno de si próprio e outros contos*, Sade
82. *Investigação sobre o entendimento humano*, Hume
83. *Sobre os sonhos e outros diálogos*, Borges | Osvaldo Ferrari
84. *Sobre a filosofia e outros diálogos*, Borges | Osvaldo Ferrari
85. *Sobre a amizade e outros diálogos*, Borges | Osvaldo Ferrari
86. *A voz dos botequins e outros poemas*, Verlaine
87. *Gente de Hemsö*, Strindberg
88. *Senhorita Júlia e outras peças*, Strindberg
89. *Correspondência*, Goethe | Schiller
90. *Índice das coisas mais notáveis*, Vieira
91. *Tratado descritivo do Brasil em 1587*, Gabriel Soares de Sousa
92. *Poemas da cabana montanhesa*, Saigyō
93. *Autobiografia de uma pulga*, [Stanislas de Rhodes]
94. *A volta do parafuso*, Henry James
95. *Ode sobre a melancolia e outros poemas*, Keats
96. *Teatro de êxtase*, Pessoa
97. *Carmilla — A vampira de Karnstein*, Sheridan Le Fanu

98. *Pensamento político de Maquiavel*, Fichte
99. *Inferno*, Strindberg
100. *Contos clássicos de vampiro*, Byron, Stoker e outros
101. *O primeiro Hamlet*, Shakespeare
102. *Noites egípcias e outros contos*, Púchkin
103. *A carteira de meu tio*, Macedo
104. *O desertor*, Silva Alvarenga
105. *Jerusalém*, Blake
106. *As bacantes*, Eurípides
107. *Emília Galotti*, Lessing
108. *Viagem aos Estados Unidos*, Tocqueville
109. *Émile e Sophie ou os solitários*, Rousseau
110. *Manifesto comunista*, Marx e Engels
111. *A fábrica de robôs*, Karel Tchápek
112. *Sobre a filosofia e seu método — Parerga e paralipomena (v. II, t. I)*, Schopenhauer
113. *O novo Epicuro: as delícias do sexo*, Edward Sellon
114. *Revolução e liberdade: cartas de 1845 a 1875*, Bakunin
115. *Sobre a liberdade*, Mill
116. *A velha Izerguil e outros contos*, Górki
117. *Pequeno-burgueses*, Górki
118. *Primeiro livro dos Amores*, Ovídio
119. *Educação e sociologia*, Durkheim
120. *Elixir do pajé — poemas de humor, sátira e escatologia*, Bernardo Guimarães
121. *A nostálgica e outros contos*, Papadiamántis
122. *Lisístrata*, Aristófanes
123. *A cruzada das crianças/ Vidas imaginárias*, Marcel Schwob
124. *O livro de Monelle*, Marcel Schwob
125. *A última folha e outros contos*, O. Henry
126. *Romanceiro cigano*, Lorca
127. *Sobre o riso e a loucura*, [Hipócrates]
128. *Hino a Afrodite e outros poemas*, Safo de Lesbos
129. *Anarquia pela educação*, Élisée Reclus
130. *Ernestine ou o nascimento do amor*, Stendhal
131. *Odisseia*, Homero
132. *O estranho caso do Dr. Jekyll e Mr. Hyde*, Stevenson
133. *História da anarquia (vol. 2)*, Max Nettlau
134. *Eu*, Augusto dos Anjos
135. *Farsa de Inês Pereira*, Gil Vicente
136. *Sobre a ética — Parerga e paralipomena (v. II, t. II)*, Schopenhauer
137. *Contos de amor, de loucura e de morte*, Horacio Quiroga
138. *Memórias do subsolo*, Dostoiévski
139. *A arte da guerra*, Maquiavel
140. *O cortiço*, Aluísio Azevedo
141. *Elogio da loucura*, Erasmo de Rotterdam
142. *Oliver Twist*, Dickens
143. *O ladrão honesto e outros contos*, Dostoiévski
144. *O que eu vi, o que nós veremos*, Santos-Dumont

145. *Sobre a utilidade e a desvantagem da história para a vida*, Nietzsche
146. *Édipo Rei*, Sófocles
147. *Fedro*, Platão
148. *A conjuração de Catilina*, Salústio

«SÉRIE LARGEPOST»

1. *Dao De Jing*, Lao Zi
2. *Escritos sobre literatura*, Sigmund Freud
3. *O destino do erudito*, Fichte
4. *Diários de Adão e Eva*, Mark Twain
5. *Diário de um escritor (1873)*, Dostoiévski

«SÉRIE SEXO»

1. *A vênus das peles*, Sacher-Masoch
2. *O outro lado da moeda*, Oscar Wilde
3. *Poesia Vaginal*, Glauco Mattoso
4. *Perversão: a forma erótica do ódio*, Stoller
5. *A vênus de quinze anos*, [Swinburne]
6. *Explosao: romance da etnologia*, Hubert Fichte

COLEÇÃO «QUE HORAS SÃO?»

1. *Lulismo, carisma pop e cultura anticrítica*, Tales Ab'Sáber
2. *Crédito à morte*, Anselm Jappe
3. *Universidade, cidade e cidadania*, Franklin Leopoldo e Silva
4. *O quarto poder: uma outra história*, Paulo Henrique Amorim
5. *Dilma Rousseff e o ódio político*, Tales Ab'Sáber
6. *Descobrindo o Islã no Brasil*, Karla Lima
7. *Michel Temer e o fascismo comum*, Tales Ab'Sáber
8. *Lugar de negro, lugar de branco?*, Douglas Rodrigues Barros

COLEÇÃO «ARTECRÍTICA»

1. *Dostoiévski e a dialética*, Flávio Ricardo Vassoler
2. *O renascimento do autor*, Caio Gagliardi

«NARRATIVAS DA ESCRAVIDÃO»

1. *Incidentes da vida de uma escrava*, Harriet Jacobs
2. *Nascidos na escravidão: depoimentos norte-americanos*, WPA
3. *Narrativa de William W. Brown, escravo fugitivo*, William Wells Brown

Adverte-se aos curiosos que se imprimiu este livro em nossas oficinas, em 6 de agosto de 2020, em tipologia Formular e Libertine, com diversos sofwares livres, entre eles, LuaLaTeX, git & ruby.
(v. 917c475)